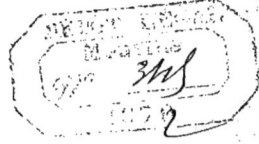

ÉTUDE TECHNIQUE

LE SERVICE DE L'ARTILLERIE

DANS LA PLACE DE BELFORT

PENDANT LE SIÉGE DE 1870-1871

STRASBOURG, IMPRIMERIE DE BERGER-LEVRAULT ET Cie

ÉTUDE TECHNIQUE

SUR LE

SERVICE DE L'ARTILLERIE

DANS LA PLACE DE

BELFORT

PENDANT LE SIÉGE DE 1870-1871

PAR

SOSTHÈNES DE LA LAURENCIE

CAPITAINE-INSTRUCTEUR AU 22ᶜ D'ARTILLERIE

———

ÉCRITE SUR L'INVITATION DU COLONEL DENFERT-ROCHEREAU

———

Avec 8 planches lithographiées

PARIS

LIBRAIRIE MILITAIRE DE BERGER-LEVRAULT ET Cⁱᵉ

RUE DES BEAUX-ARTS, 5

MÊME MAISON A NANCY

1872

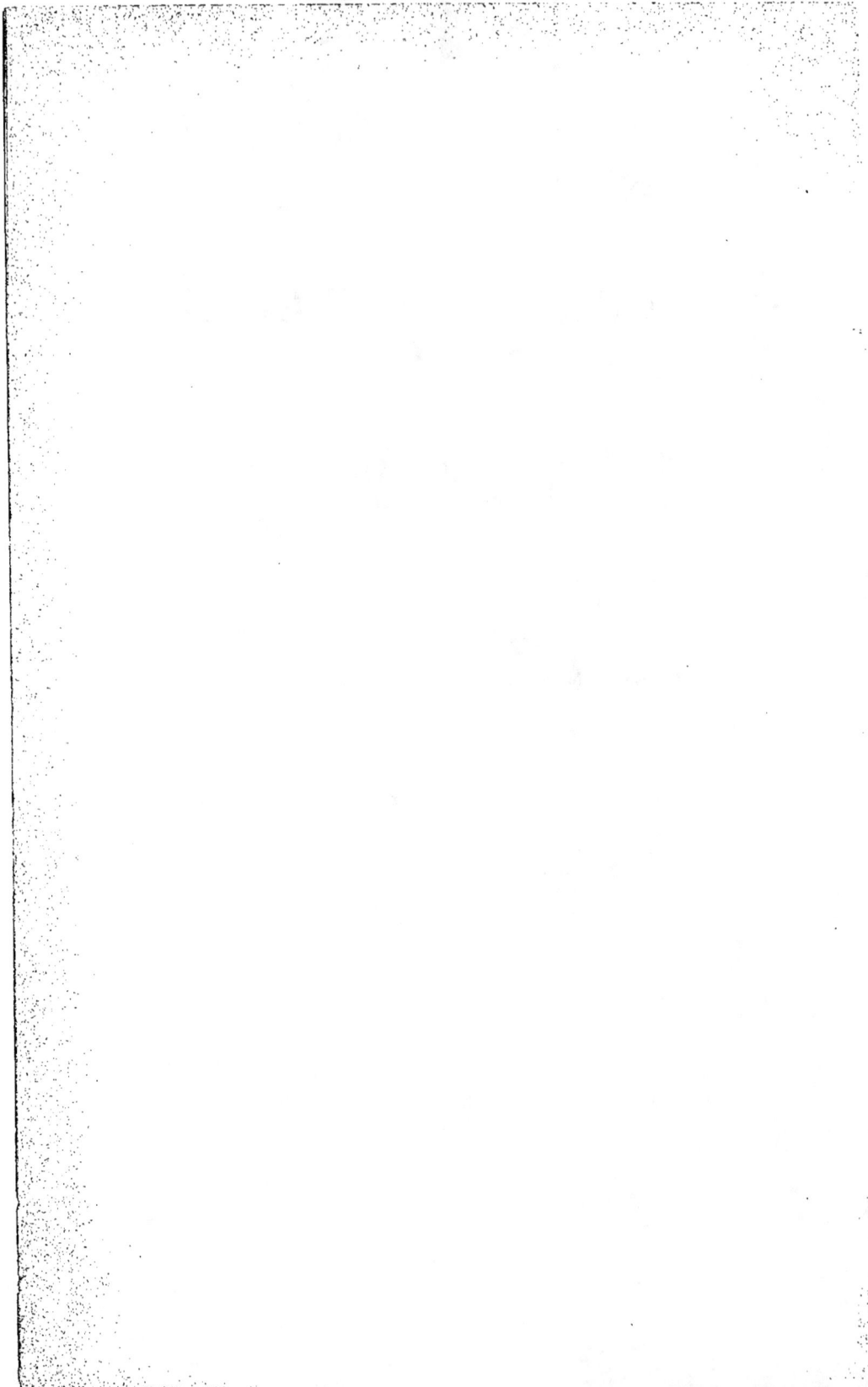

PRÉFACE.

Dans son aperçu résumé de la défense de Belfort, le colonel Denfert attribue la longue résistance de la place à trois causes d'espèce et de nature différentes :

La première, défense des positions extérieures soumises au canon de la forteresse et au canon de ses ouvrages avancés;

La deuxième, application de nouvelles méthodes à la mise en action de l'artillerie ;

La troisième enfin, distribution des rôles et des postes dans la place suivant les facultés et l'énergie de chacun.

Cette troisième cause d'ordre moral est suffisamment développée dans la lettre du colonel Denfert pour que nous n'ayons pas à y revenir ; il ne nous appartient pas, du reste, de la discuter.

Quant à la première, spéciale déjà pour les militaires, elle n'est que le résumé en une seule phrase de l'idée-mère par laquelle le colonel Denfert a conduit la défense de la place, idée à laquelle nous avons dû notre succès tout entier, car ce que nous avons tous fait ensuite, est venu comme se grouper autour de cette idée.

Mais cette cause encore est suffisamment expliquée dans le livre contrôlé par le colonel Denfert, et publié il y a cinq mois par Le Chevalier, pour qu'il soit besoin d'en reparler à nouveau.

Reste enfin la deuxième cause.

Celle-ci, purement technique, me paraît devoir intéresser au plus haut point l'artillerie et le génie, ainsi que toutes les personnes désirant s'instruire sur cette question si discutée et si importante des places fortes.

Son étude n'a pu cependant trouver place dans l'histoire de *la Défense de Belfort*, les auteurs de ce livre ayant dû nécessairement en éloigner tous les détails spéciaux et les descriptions particulières de nature à n'intéresser que les militaires, puisque ce livre était écrit pour le public en général, au moins pour celui qui étudie les causes de nos revers et de nos succès. Il me semble donc utile de revenir aujourd'hui sur cette deuxième cause; c'est ce que je compte faire ici en détails, et à ce titre l'ouvrage actuel ne forme pas redite avec le premier.

Nous étudierons quelquefois l'artillerie de place d'une façon générale; mais pour ne rien avancer dont nous ne soyons sûr, nous ne baserons notre étude que sur l'expérience acquise à Belfort, et sur celle acquise plus tard sous Paris.

Belfort est la seule ville que, de son propre aveu, l'ennemi ait tenté dans cette campagne de prendre par la force et les travaux réguliers d'attaque; c'est aussi, je crois, le seul siége important qui ait été entrepris depuis l'invention des canons rayés; c'est enfin, que je sache, le seul siége historique dont l'assiégé soit sorti réellement vainqueur; et pour toutes ces causes cette étude me semble devoir intéresser les officiers sérieux.

Si je m'en suis chargé, ce n'est, comme j'ai tenu à le mettre en relief dès la première page, que sur l'invitation expresse de l'ancien gouverneur de la place, et parce que, m'étant trouvé dans une position centrale, seule attaquée depuis le commencement jusqu'à la fin du siége, j'avais, dès mon arrivée, tâché d'innover pour essayer de préserver et conserver mes pièces jusqu'au dernier jour, et que, par suite, j'avais pu mieux que tout autre embrasser l'ensemble de la défense de l'artillerie à Belfort.

Les détails contenus dans ce volume peuvent avoir leur importance dans l'état actuel de notre artillerie et de nos finances; on me les demande aussi à l'étranger, en Russie et en Belgique notamment, et comme ils sont trop longs pour être développés par lettres, je suis bien obligé de les livrer à l'impression; d'ailleurs, il n'y a rien à cacher dans ces travaux, et rien ne pourrait l'être, puisque tout se trouve en place et momentanément entre les mains de l'étranger, dans la ville même où nous avons fait tous ces essais et toutes ces expériences.

———————————

Si ce livre est favorablement accueilli de M. le Ministre de la guerre, du Comité de l'artillerie et de mes camarades, j'ai l'intention de le faire suivre d'une étude critique sur l'emploi de l'artillerie au deuxième siége de Paris, me bornant, bien entendu, à l'étude des seules régions où je me suis trouvé avec ma batterie, la même que j'avais eu l'honneur de commander à Belfort.

Versailles, le 1er janvier 1872.

SOSTHÈNES DE LA LAURENCIE,
Capitaine-instructeur au 22e d'artillerie.

ÉTUDE TECHNIQUE

SUR

LE SERVICE DE L'ARTILLERIE

DANS LA PLACE DE BELFORT

PENDANT LE SIÉGE DE 1870-1871.

———∞◇∞———

CHAPITRE PREMIER.

Disposition de l'artillerie dans les places.

L'artillerie, telle qu'on la dispose ordinairement dans nos places, est répartie à peu près uniformément dans toute l'étendue des ouvrages, et comme ceux-ci sont accumulés exclusivement au point d'attaque, c'est-à-dire au point faible de la fortification, il s'ensuit que l'on n'a généralement de feux puissants d'artillerie que dans une seule direction.

Au premier abord et si l'on ne se donne pas la peine d'aller au fond des choses, cela paraît suffisant; on a des feux pour le côté par où doit venir l'ennemi, tout va donc pour le mieux.

C'était très-vrai autrefois avec la petite portée des anciennes pièces, car en effet qui dit point d'attaque dit point faible, point faible par opposition aux autres points considérés comme forts. Ces points forts sont presque toujours des côtés couverts par un obstacle naturel, ou inabordables par eux-mêmes. L'ennemi n'en pouvant approcher pour les canonner avec des pièces lisses, on avait raison d'appeler autrefois

1

ces points des points forts et de ne se ménager aucun feu contre des feux imaginaires que l'ennemi n'avait aucun intérêt à établir de ce côté.

Or, aujourd'hui ces points restent encore inabordables pour l'assaillant, c'est vrai; il ne cheminera pas dans ces directions, mais il y établira des batteries de longue portée dès la première période du siège; de là il prendra nos enceintes bastionnées de flanc ou de revers, il détruira notre artillerie, et presque jamais on ne pourra lui répondre efficacement par suite d'une mauvaise disposition de feux résultant de la nature même des lieux.

C'est mot à mot ce qui nous est arrivé à Belfort.

En examinant avec soin le plan de la forteresse (voir la carte de l'ouvrage : *la Défense de Belfort*), on voit facilement qu'elle est à l'abri de toute attaque entre la Justice et la Miotte, entre la Miotte et la ville.

On voit également qu'elle est presque inattaquable par les fronts regardant la vallée de la Savoureuse; de ce côté en effet la rivière constitue déjà un obstacle difficile à franchir, et comme de plus il faudrait cheminer dans un terrain bas, très-battu, marécageux, où l'on ne peut creuser une tranchée sans trouver de l'eau, l'assaillant doit nécessairement renoncer à cette attaque, surtout en hiver.

Par l'est l'attaque peut se porter sur la Justice ou le Château.

Par la Justice elle est des plus difficiles, car le terrain très en pente qui forme le vallon ne permettrait pas d'étendre les travaux d'approche sur la droite pour envelopper le fort, et sur la gauche ils seraient très-limités sous peine d'être en prise aux feux redoutables du Château.

De plus, la prise de ce fort pourrait ne pas anéantir la défense, puisqu'il resterait l'enceinte de la ville.

La prise du Château, au contraire, entraîne celle de la ville du même coup, et est la plus pratique en se servant de la hauteur des Perches pour le battre et en cheminant sur la droite des fronts pour se refuser autant que possible aux feux de la Justice.

C'est nettement là le point d'attaque, c'est-à-dire le point faible. Pour s'en convaincre à première vue, on n'a qu'à regarder cette accumulation de feux établie dans cette direction, car, règle générale en fortification, le point jugé faible, naturellement parlant, est toujours celui où l'on a cru devoir multiplier les ouvrages.

Eh bien ! ce n'est cependant pas de ce côté que l'ennemi fit sa première batterie, établit ses premières pièces; ce fut à Essert, perpendiculairement à la Savoureuse, vers laquelle il n'avait cependant pas l'intention de cheminer.

C'est qu'en effet, ses premières batteries étaient des batteries que j'appellerai de *désarmement*, de bombardement, à l'aide desquelles il voulait éteindre les feux du Château, et que ce n'est qu'après cette première opération qu'il voulait cheminer à l'aise vers la citadelle.

Disposition primitive de l'artillerie dans la place de Belfort.

Or, contre ces premières batteries, qu'avions-nous résultant de l'armement normal et régulier ?

Rien ou presque rien; deux pièces au bastion 54, trop basses pour être utiles et trop dangereuses par le rocher qu'elles ont à dos pour être servies longtemps lorsqu'on n'a pas eu le soin de les blinder au préalable, et enfin une pièce, une seule, au sommet du Cavalier, très en vue et très-exposée; encore cette pièce qui joua un rôle si important dans la défense n'avait-elle été portée sur le projet d'armement que sur la demande expresse du colonel Denfert.

Nous avions bien aussi quelques pièces du fort des Barres, mais elles voyaient mal les positions à battre, et en plus le léger armement de la petite redoute en terre qui couronnait la hauteur de Bellevue; mais outre que cette redoute avait peu de feux, elle n'était pas terminée, elle se construisait sous les coups de l'ennemi, et nous avions plutôt comme mission de détourner les projectiles qui pleuvaient sur elle, que de compter sur son appui, pour le moment du moins.

Remèdes à apporter à cet état de faiblesse.

En présence de cette situation, de cet état de faiblesse au début de la lutte d'artillerie, faiblesse non particulière à la place de Belfort, mais à peu près générale pour toutes nos places fortes, parce qu'elle est inhérente à notre système même de fortification, nous n'avions que trois choses à faire :

1° Blinder les pièces ayant vue sur ces batteries, pour décupler leur force et les faire durer plus longtemps ;

2° Cacher et retirer les pièces exposées à ce feu et n'y pouvant pas répondre ;

3° Chercher et créer partout de nouveaux feux pour répondre à ces batteries qui nous prenaient de flanc et d'écharpe.

On ne blinda, pour répondre à la batterie d'Essert, que la pièce du sommet du Cavalier (n° 1), aussi cette pièce prit-elle bientôt une importance considérable dans la défense ; elle était connue de tout le monde sous le nom de *Catherine* ; nous verrons son histoire en détail au chapitre III. Plus tard, au Château, on changea la direction du tir d'une pièce, blindée pendant l'investissement en vue de tirer sur le Mont, mais ce travail très-long ne put être terminé qu'en janvier, et nous aurons à y revenir.

Quant à cacher et retirer les pièces ne pouvant répondre à ces feux, on le fit aux enceintes supérieures du Château et on s'en trouva bien ; on ne le fit pas aux enceintes basses, aussi le matériel y fut-il promptement démoli.

Restait enfin à trouver ou créer de nouveaux feux pour répondre à cette attaque non prévue par l'armement et la disposition des bastions de la place.

Voici à ce sujet ce qui fut fait et qui peut, sinon servir de modèle, au moins servir d'indication pour toute situation analogue, qui ne manquerait certainement pas de se présenter dans l'attaque d'une autre quelconque de nos forteresses.

Le colonel Denfert, en discutant avec les officiers d'artillerie, leur avait indiqué deux principes nouveaux dans l'emploi de l'artillerie et nous avait invités à les mettre en pratique, laissant à chacun l'initiative de l'application.

Ces principes sont : pièces retournées ; — pièces collées contre des murs.

Pièces retournées bout pour bout.

Supposons une pièce cachée derrière un épaulement, tirant par conséquent dans une direction à peu près perpendiculaire à la crête de cette masse couvrante, et considérons cette direction comme celle de sud-nord ; supposons maintenant que cette pièce et l'ouvrage dans lequel elle se trouve soient masqués à dos par une haute masse couvrante, telle que cavalier, rocher, mur ou bâtiment: cette pièce sera une pièce propre à être retournée et elle sera de plus bonne à retourner, si l'attaque ennemie, au lieu de se faire dans une direction nord-sud, se fait dans une direction sud-nord ou toute autre direction voisine.

En partant de ce principe, il en fut établi dans de très-bonnes conditions à la Miotte en s'abritant derrière le Cavalier, à la Justice en s'abritant derrière l'angle de la caserne, à la tour des Bourgeois (bastion 20) abritées derrière la tour, à l'enceinte intermédiaire abritées derrière le passage 11 ; il en fut aussi établi au sommet du cavalier du Château, mais elles réussirent moins bien que les autres, parce qu'elles n'étaient pas assez bien cachées par la caserne, qui ne s'élevait guère plus haut qu'elles.

Ce retournement bout pour bout peut se concevoir et se faire de plusieurs manières.

Avec des pièces montées sur affût de siége et avec les plates-formes creuses en rails du système expliqué dans le chapitre II, il se fait tout naturellement pourvu que les plates-formes soient horizontales.

Avec des pièces montées sur affûts de place et glissant sur un grand châssis, il suffit de mettre à la queue un nouveau petit châssis à poste fixe, de refaire une deuxième voie circulaire ayant même corde que la première pour profiter des premiers gîtes, et pour le retournement on élève la pièce en l'air par une chèvre, on conduit l'affût à la queue de la directrice, on porte à bras la tête du grand châssis ainsi dégagée pour l'enfiler dans la cheville-ouvrière du deuxième petit châssis, et par une rotation des brins de la chaîne de la chèvre, on remet la pièce à sa nouvelle place en moins de cinq minutes ; on conserve en même temps des feux possibles et rapides dans la direction primitive en cas d'une nécessité imprévue et pressante.

Les pièces ainsi retournées sont pointées à l'aide d'un niveau donnant l'angle correspondant à la portée qu'on veut obtenir ; et pour la direction on les pointe directement sur une fiche placée sur le masque, ancien parados, devenu pour l'heure une sorte d'épaulement.

Le pointeur n'a à s'occuper que de sa fiche dont la position est réglée soit à l'aide d'une équerre d'arpenteur, soit à l'aide d'un graphomètre, et régularisée ensuite par le tir de chaque jour que surveille un observateur couché près de la fiche, en général dans une position peu dangereuse.

La nuit, ces fiches sont éclairées par de la mèche à canon visible pour le pointeur, invisible à l'ennemi ; on obtient ainsi un tir plus exact que tous ceux indiqués comme tirs de nuit, et aussi régulier que pouvait l'être le tir du jour.

On n'a, il est vrai, qu'un tir plongeant, mais je crois, pour ma part, que c'est le seul qui devrait être réglementé pour la lutte d'artillerie épaulée contre artillerie épaulée, aux grandes distances au moins.

Je tiens le tir de plein fouet avec les projectiles creux pour peu dangereux contre un ennemi caché derrière un épaulement, tandis qu'un tir plongeant, même un peu long, produit encore des dégâts dans une batterie éloignée ; de plus le projectile plongeant désigne mieux son point de chute et permet plus facilement les rectifications de tir.

Pièces déviées.

Mais nous n'avons considéré encore que les pièces retournées bout pour bout, que les pièces tirant à volonté dans deux directions diamétralement opposées ou à peu près.

Supposons maintenant une pièce tirant encore dans une direction sud-nord, et l'attaque, c'est-à-dire le tir de ces premières batteries de l'assiégeant que nous avons appelées batteries de désarmement, venant d'une direction est-ouest ou voisine de cette perpendiculaire : le retournement pourra généralement se faire sans nouveau petit châssis, sans transbordement et souvent en conservant même le tir de plein fouet.

C'est ce que nous avons eu à Belfort. Les batteries de désarmement étaient à Essert et nous y avons répondu par des pièces du bastion 14, qui n'ont subi qu'une déviation de 60° environ ; une tirait par une embrasure ouverte dans la face droite du bastion, elle a tiré à travers le flanc droit ; une deuxième que nous avions établie parallèlement à celle-ci, en collant contre son flanc droit une traverse pare-éclats, a tiré à travers deux embrasures successives, l'une percée dans cette traverse même, et l'autre dans le flanc droit du bastion 14, à côté de celle ouverte pour la première pièce : ces deux pièces avaient chacune une voie circulaire étendue jusqu'à 100° environ.

Enfin d'autres de la face gauche du bastion 14 et du bastion 15 ont tiré à tir plongeant par-dessus soit les traverses en capitale, soit le magasin à poudre du bastion 15 lui-même.

Les pièces dont je viens de parler au bastion 14 avaient même une spécialité, c'est qu'ainsi retournées elles ne voyaient le terrain avoisinant la place qu'à travers la trouée du fossé 11-12, et leur limite de champ de tir à travers cette trouée se trouvait être, sur la droite, précisément le saillant même de la redoute de Bellevue ; en sorte qu'elles furent d'un grand secours pour la défense de l'avancée de ce fort. La nuit comme le jour, au moindre signal d'attaque, elles pouvaient fournir un feu si sûr et si rasant aux abords de ce petit fort, que les soldats nouvellement arrivés pour y tenir garnison et non éclairés sur cette circonstance spéciale voyaient toujours ce tir la première fois avec un certain émoi et une certaine crainte : jamais cependant il ne se produisit d'accident.

Pièces collées contre des murs.

Supposons une pièce établie derrière un épaulement ou masque quelconque et tirant à tir plongeant, c'est-à-dire sans embrasure. Pour la facilité de la manœuvre et quels que soient la nature de la pièce et l'affût sur lequel elle est montée, elle doit être établie à une certaine distance du parement intérieur de ce masque, et très-sensiblement cette distance devra pour tous les parements être mesurée sur le sol naturel, et comptée du pied même de ce parement.

Or les projectiles ennemis qui doivent atteindre la pièce ou les servants qui l'entourent, doivent passer par-dessus la crête intérieure du parement, et de tous le plus dangereux serait celui qui raserait cette crête. Il y a donc avantage à diminuer autant que faire se peut la distance entre la projection horizontale de cette crête intérieure et le pied du talus, autrement dit à diminuer le talus intérieur de l'épaulement.

Le meilleur parement d'épaulement est donc un parement vertical ; or de tous les revêtements il n'y a que le mur, et le mur plein, qui soit absolument vertical.

Une pièce collée derrière un mur, surtout un mur élevé, est donc très-bien abritée, et si l'on consent à admettre presque exclusivement le tir plongeant pour les luttes de l'artillerie de place répondant à des batteries éloignées, c'est autant que possible derrière des murs pleins de 3 à 4 mètres d'épaisseur qu'on devra coller les pièces qu'on chargera de ce rôle.

En effet, celui qui tire a un grand avantage, il est à quelques mètres à peine de la crête que son projectile doit raser en partant, il peut disposer sa pièce très-sûrement à la distance voulue pour atteindre littéralement ce but, et au contraire le projectile qui lui vient en réponse ne peut que par des coups de pur hasard remplir cette condition, cependant à peu près indispensable pour être utile, de raser la crête intérieure ; encore les servants qui circulent entre la pièce et le mur sont-ils comme à l'abri même de ces coups-là.

Quant aux coups de plein fouet, il est bien entendu qu'ils sont sans effet contre une pièce ainsi collée si le mur est assez résistant; or j'estime après épreuve qu'un mur de 3 à 4 mètres de bonne maçonnerie peut résister à 50,000 coups de 30 kilogrammes tirés d'une distance de 3 à 4,000 mètres.

Maintenant on objectera, contre un pareil épaulement, le danger des éclats de pierre; je répondrai que de petits abris très-légers ouverts à l'arrière et collés contre le mur-épaulement sont très-suffisants pour garer d'un pareil danger.

Quoi qu'il en soit du reste, le colonel Denfert nous avait autorisés à disposer ainsi quelques pièces, elles ont toutes joué un certain rôle, ont été fortement attaquées, aucune n'a été atteinte, aucun homme près d'elles n'a été touché par un éclat de pierre, et ce que j'avance ne tombera donc que devant une expérience contraire, et égale si c'est possible.

Un mur nu et plein me semble jusqu'à preuve opposée le meilleur épaulement pour des pièces plongeantes.

Dans cet ordre d'idées, il en fut établi notamment une de 24 de place sur affût de siége et sur sol naturel gelé, voyageant tous les jours du bastion 15 au bastion 12, c'est-à-dire d'une extrémité de l'enceinte à l'autre. Il en fut aussi établi deux de 24 de place (*Cécile* et *Louise*) au sommet du Cavalier. Elles rendirent ensemble de grands services et aidèrent pour bonne part à éteindre le feu d'Essert; une était montée

sur affût de place, l'autre sur affût de siége avec plate-forme en rails
(système expliqué au chapitre II).

Batterie de mortiers du bastion 12.

Enfin il fut disposé, derrière le mur du bastion 12, une grande batterie
de mortiers. Trois mortiers de 32ᶜ, trois mortiers de 27ᶜ, trois mortiers de 22ᶜ, presque tous empruntés aux autres enceintes du Château
qui n'en faisaient pas usage, s'y donnèrent rendez-vous.

Cette batterie est peut-être le meilleur exemple à donner de la sécurité des pièces à tir plongeant tirant de derrière un mur. Ce mur du
bastion 12 n'était qu'un mur à bahut, sans épaisseur, en mauvaise maçonnerie, percé en outre d'embrasures non bouchées et qu'on ne pouvait
utiliser parce qu'elles étaient toutes dirigées vers le plateau des Barres,
occupé à l'époque du dernier siége par le fort de ce nom ; et malgré
tout la batterie de mortiers a duré très-longtemps, a fait grand mal à
l'ennemi, qu'elle allait quelquefois chercher jusqu'à 3,000 mètres, a été
vigoureusement attaquée, et nous n'avons eu que très-peu d'accidents
à y déplorer.

Il est vrai que ce bastion est une pointe, une langue très-étroite, ne
présentant que le flanc et dominant les deux autres enceintes, en sorte
que les projectiles ou frappaient le mur ou allaient tomber derrière la
pointe, rarement dans le bastion ; mais le principe du tir plongeant à
exécuter derrière les murs n'en reste pas moins entier.

Le mur de masque avait été démoli sur quelques points, et c'était
tout, la batterie tirait toujours sur Essert et Bavilliers ; pour éteindre
ses feux, il fallut les batteries de Danjoutin et du Bosmont, qui, la prenant
par derrière, renversèrent sur elle l'épaulement très-rapproché que nous
avions à dos, et enfouirent notre matériel sous plus de trois pieds de
terre, sans qu'on pût aller l'y chercher, vu le tir et le trop mauvais état
du chemin labouré par l'ennemi.

On en retira cependant un mortier de 22ᶜ qui fut monté dans la cour
même du Château, et fut mis là en batterie pour tirer la nuit sur les
cheminements en avant des Perches. Il était isolé au milieu de la cour,
recevait une pluie de projectiles et on ne pouvait le remettre en batterie qu'à l'aide de longs câbles manœuvrés par des hommes cachés sous

les casemates. Le maréchal des logis L'Herrou allait lui-même le pointer; une seule nuit il tira plus de 100 bombes avec ce seul mortier, fut blessé trois fois de suite, assez légèrement par bonheur, et ne se retira qu'à la pointe du jour.

Au chapitre II, je reviendrai encore sur cette batterie pour m'occuper de son matériel, qui nous offrira l'étude d'une question fort intéressante.

Utilité de déplacer souvent les pièces dans une place assiégée.

Tout à l'heure, en parlant d'une pièce de 24 collée derrière un mur, prise momentanément au formidable armement des casemates, j'ai dit qu'elle voyageait chaque jour du bastion 15 au bastion 12.

Le mouvement, sinon la mobilité, car cette qualité est évidemment subordonnée à la nécessité d'avoir dans les places des pièces de très-grande portée, le mouvement, dis-je, est en effet pour l'artillerie de l'assiégé, en même temps qu'une condition de sécurité, une condition de force, une condition de supériorité. Nous étions tous pénétrés de ce principe, nous l'avons mis le plus possible en usage et nous en avons tiré de très-bons fruits.

Pour le mettre en lumière je n'en citerai que deux exemples assez remarquables.

Pièce de 12 de siége du sommet de la caserne.

Le premier sera l'histoire d'une simple pièce de 12 de siége dont'on s'occupa pendant quelque temps.

Cette pièce, qui provenait de l'armement du fossé 11-12, armement inutile depuis l'établissement du fort des Barres, puisque par la direction de son mur de flanc ce fossé ne permet que de battre le plateau de ce nom, cette pièce, dis-je, fut montée jusqu'en haut de la caserne même du Château. On lui fit trois plates-formes, une au milieu et les deux autres aux deux extrémités de la caserne; et sans épaulement, sans autre défense que sa situation élevée et sa mobilité, elle entama la lutte contre les Prussiens dès leur arrivée sous la place, fouillant tous les plis de terrain, fournissant des feux dans toutes les directions et gênant fort leur établissement, si l'on en juge par l'acharnement qu'ils mirent à la combattre.

Malgré tout, cette pièce, grâce à ses déplacements continuels, ne put pas être atteinte, il n'y eut pas à son service d'homme tué ; seulement le tir de l'ennemi devenant beaucoup plus précis, il fallut renoncer à la servir de jour. On lui ôta ses roues, on la mit sur le flanc, et le soir on la remontait pour reprendre sa lutte mobile ; la nuit de Noël elle fut servie par les cadres complets de la batterie du 7e, et nous permit ainsi de fêter de notre mieux cette fête si goûtée des Allemands.

Emploi des pièces légères dans la défense de Bellevue.

Le deuxième exemple, bien plus saillant et surtout bien plus important, de l'utilité qu'il y a à remuer et déplacer sans cesse pendant un siége l'artillerie de la place, est l'histoire même en résumé de la lutte d'artillerie que soutint presque seul, vers la fin de décembre, le petit fort de Bellevue contre les formidables batteries de l'ennemi.

J'emprunte les détails qui vont suivre à quelques notes qu'a bien voulu me communiquer mon camarade E. Thiers, capitaine du génie.

Nul mieux que lui ne pouvait me les fournir, car, outre que pendant tout le siége proprement dit il a commandé le fort de Bellevue, il en a aussi commandé directement l'artillerie. Faute d'officiers disponibles et instruits dans cette arme, le colonel Denfert avait dû en effet opérer ce cumul pour les officiers du génie déjà commandants de forts : M. Brunetot aux Basses-Perches, M. Thiers à Bellevue.

Quand les batteries de Bavilliers ouvrirent leur feu, elles canonnèrent avec une violence extrême l'ouvrage de Bellevue, qui ne pouvait leur répondre, car toutes ses pièces avaient été dirigées pour lutter contre les batteries d'Essert. La redoute cessa alors de tirer contre ces batteries qui, du reste, ne faisaient plus qu'un feu assez mou, et se mit en devoir de riposter vivement aux batteries nouvelles de Bavilliers. Bientôt six pièces (deux de 12 rayées et quatre de 12 lisses) se trouvèrent en place, les embrasures et les plates-formes faites, et purent riposter à la nouvelle batterie, qui n'était distante de l'ouvrage que de 1,100 à 1,200 mètres.

Dès le point du jour, ces six pièces tiraient à une embrasure désignée de la batterie ennemie, et la prenaient pour but commun jusqu'à ce qu'elle eût cessé son tir. On passait alors à la suivante avec ce qui restait de pièces en état de tirer dans la redoute.

Ce combat d'artillerie était des plus violents et amenait en réponse jusqu'à 8 ou 10 projectiles par minute, durant les heures du grand jour. La riposte était également très-vive et atteignit jusqu'à environ 1,000 projectiles dans une journée. Malheureusement beaucoup de ces projectiles étaient des boulets pleins de 12.

Néanmoins le feu de la batterie prussienne fut éteint à plusieurs reprises durant quelques heures. Les batteries d'Essert rentraient alors en ligne avec plus de vigueur, et le nouvel armement de l'ouvrage ne permettait pas de leur répondre suffisamment. C'est dans ces circonstances que, les Barres ne trouvant pas moyen de soutenir efficacement Bellevue, on dut demander l'appui spécial et direct du Château, en dehors de son action protectrice habituelle. Les pièces de 12 lisses ne furent pas sans effet contre l'ennemi, car il s'acharna sur l'une d'elles notamment, avec autant de violence que sur les pièces rayées qu'il contre-battait avec un soin particulier.

Au bout de deux ou trois jours de ce feu incessant et roulant, les Prussiens, après des alternatives heureuses et malheureuses de leur tir, augmentèrent l'armement dirigé contre Bellevue, et y lancèrent pour la première fois des obus de 32 kilogrammes. Leurs effets furent considérables, et malgré toute l'énergie de la défense accumulée dans un effort énergique, on ne parvint à leur résister qu'un seul jour, et encore deux pièces seulement continuaient à tirer quand vint le soir.

Tous les autres jours le feu de la redoute était complétement éteint vers 11 heures ou midi. Toutes les embrasures étaient oblitérées, les affûts brisés et parfois aussi les pièces. L'ennemi continuait du reste à tirer aux embrasures détruites, en sorte que durant le jour tout effort pour les déblayer était vain, elles se recomblaient à mesure qu'on y travaillait.

Dès que le jour tombait, on nettoyait rapidement les embrasures pour pouvoir tirer la mitraille en cas d'attaque de vive force, puis on travaillait toute la nuit à les remettre en état de recommencer, au matin, la vive, mais courte lutte d'artillerie.

Cet ordre de choses pouvait avoir deux conséquences funestes à la défense de l'ouvrage :

1º L'ennemi, distant seulement de 400 mètres des crêtes et de 150 mètres environ des contre-approches, pouvait, toutes les après-midi, travailler facilement à ses boyaux d'approche à la faveur du silence forcé des canons de la redoute, et malgré notre fusillade peu efficace contre les parapets des tranchées.

2º Le soir, à la tombée du jour, quand il verrait encore assez clair jusqu'à 1,100 ou 1,200 mètres, mais que le Château ne verrait plus assez pour tirer à coup sûr en avant de la tête du cheminement, l'ennemi pouvait tenter une attaque de vive force, avant que la redoute eût pu remettre une seule embrasure en état de tirer. Elle aurait été ainsi réduite à sa fusillade, circonstance dangereuse dans un ouvrage de peu de relief, n'ayant qu'un petit fossé non revêtu, une escarpe en terre dégradée par les dégels et les projectiles, et enfin ouvert à la gorge.

Pour obvier à ces inconvénients qui pouvaient amener la chute rapide de la position, le commandant du fort eut l'idée d'employer des pièces de 4 rayées de campagne et de montagne tirant à barbette, en profitant de la légèreté de ces pièces pour les tenir habituellement hors de batterie, bien abritées contre les traverses et toutes chargées. La barbette sans pièce ne présente à l'ennemi rien à détruire, et le laisse dans l'incertitude sur le point précis où sera la bouche à feu. Il ne peut donc pas régler son tir de riposte tant que l'ouvrage ne fait pas feu lui-même. Au moment de tirer, soit contre des colonnes d'attaque, soit contre des cheminements où on voyait travailler, les petites pièces étaient amenées rapidement sur les barbettes, pointées et tirées. Si l'ennemi y ripostait à coups de canon, la pièce était retirée dès qu'il semblait arrivé à régler son tir, et l'ouvrage faisait alors feu soit avec une autre pièce, soit avec la même transportée sur une autre barbette.

Cette méthode devait procurer à la redoute des feux insaisissables, que l'ennemi ne pourrait parvenir à éteindre, qui seraient toujours prêts à agir contre ses colonnes d'assaut ou contre ses cheminements. Elle permettait de plus un grand champ de tir, condition précieuse pour le tir contre des colonnes, ou des cheminements dont la situation varie avec le temps et ne peut pas être précisée d'avance.

Mais les pièces ainsi utilisées ne pourraient pas être employées à la lutte d'artillerie d'une manière constante et très-efficace, et cela pour diverses raisons : d'abord leurs projectiles étaient d'un trop faible calibre pour se mesurer avec ceux des pièces de siége. Ensuite on ne parviendrait jamais à régler le tir de la pièce mise en barbette contre la batterie ennemie, plus vite que cette batterie elle-même ne réglerait le sien contre la petite pièce. Elle devrait, sous peine de se faire détruire — et on voulait surtout l'éviter — évacuer la barbette avant d'avoir agi efficacement. Pour tirer contre les cheminements, le cas n'était plus le même, car ces cheminements sont en général beaucoup plus proches de l'ouvrage attaqué que les batteries ennemies, on peut souvent les atteindre presque du premier coup, même en visant sans hausse.

C'était le cas de Bellevue, où le rapprochement des tranchées nous rendait beaucoup plus alertes à régler notre tir contre elles, que les batteries plus éloignées à régler le leur contre nous; aussi ces idées y furent-elles appliquées après avoir reçu l'approbation du gouverneur. Une pièce de 4 de campagne et trois pièces de 4 de montagne furent envoyées à notre redoute avancée, qui laissa mollir peu à peu son feu, et commença tout de suite à travailler aux barbettes.

L'ennemi, probablement dégoûté par la résistance très-vive que venaient de lui opposer les canons de Bellevue, laissa également mollir un peu le sien, et on put y achever sans encombre la transformation d'armement. Quand les plates-formes et leurs rampes d'accès furent prêtes, on boucha une belle nuit les embrasures, et le lendemain les crêtes regardant les batteries de siége purent paraître à l'ennemi dégarnies de canons.

Une difficulté s'était présentée dans l'exécution des plates-formes. C'est que, les petites pièces à mettre en barbette n'ayant que $0^m,60$ de genouillère, les canonniers se trouvaient sur les plates-formes, découverts d'une manière inadmissible et exposés de la manière la plus dangereuse aux effets de la mousqueterie.

Pour parer autant que possible à cet inconvénient, on fit faire les plates-formes en forme de queue d'hironde. La largeur du côté du parapet à la tête contre le talus intérieur était de $1^m,20$ à $1^m,50$, c'est-à-dire d'une longueur strictement nécessaire pour que la pièce pût être mise en batterie parallèlement aux deux côtés de la plate-forme qui formaient ensemble un angle de 45°, afin d'avoir au moins 45° d'horizon pour le tir. La partie de la plate-forme située au-dessus de la banquette d'infanterie en contre-haut était construite en un bâtis de pièces de bois, parce que la gelée rendait les terres difficiles à remuer.

Grâce à cette disposition, les servants de droite et de gauche n'avaient pas besoin de monter sur la plate-forme. Ils se tenaient de chaque côté, sur la banquette d'infanterie, couverts aussi bien que les fantassins au combat, et pouvaient néanmoins de là servir facilement la pièce. Le pointeur seul montait sur la plate-forme, et, s'y tenant accroupi sur les genoux, se cachait tout en maniant la crosse.

Quand la rampe d'accès arrivait contre le parapet lui-même, ce qui avait lieu pour certaines pièces afin de mieux les couvrir dans le parcours, un trou creusé dans cette rampe, contre la plate-forme, servait de logement à l'un des servants.

Les idées qui avaient guidé cette installation furent pleinement justifiées par la suite, et depuis ce moment jusqu'à la fin du siége, on put tirer sans aucune gêne chaque fois qu'il en fut besoin. L'ennemi n'essaya même plus de contre-battre notre petite artillerie avec son canon, il n'était jamais assez vite prêt, et ses tirailleurs ne causèrent aucun mal sérieux aux canonniers, grâce à la disposition des plates-formes.

Nous n'eûmes à Bellevue, jusqu'à notre sortie de Belfort, qu'un seul affût brisé, et cela quand la pièce était hors de batterie, au pied de la rampe, collée contre le parapet. Aussi est-ce un éclat de bombe qui nous causa cet unique dégât.

A l'action de ces pièces légères et facilement maniables on joignit celle des mortiers de 15°, que l'on pouvait faire tirer de tous les points de la banquette d'infanterie. Mais ils ne nécessitaient aucune installation spéciale, et il n'y a en conséquence qu'à mentionner leur emploi.

L'usage de la pièce de 4 de campagne fut encore plus intéressant.

Dès que les cheminements de l'ennemi contre les Perches se montrèrent à Bellevue, sur le contour apparent à la droite des Basses-Perches, on se proposa de tourmenter leur marche à coups de canon tirés de Bellevue même. Le manque d'obus de 12 obligeait naturellement de tirer avec la pièce de 4 de campagne, plus richement approvisionnée, et sa mobilité permit de la soustraire complétement aux coups de l'ennemi.

Comme les Perches dominent largement Bellevue, on apercevait de la cour du fort les cheminements prussiens, par-dessus les parapets. On put donc mettre la pièce de 4 en batterie dans la cour même du fort, et tirer par-dessus les parapets contre ces cheminements, absolument comme on l'eût fait avec une pièce en rase campagne.

Mais profitant des traverses du fort, on put même la cacher dans d'assez bonnes conditions aux batteries de siége. Cette pièce, tirant parfois avec une grande rapidité, fit beaucoup de mal à l'ennemi; elle enlevait les gabions nouvellement posés et dispersait les travailleurs et les gardes de tranchées. On voyait ces résultats de Bellevue, et l'ennemi se chargeait, du reste, de les confirmer par la violence du tir qu'il dirigeait sur la pièce. Il lui envoyait jusqu'à 5 et 6 obus à balles par minute à certaines heures. Mais dès que son tir paraissait se régler, on changeait la pièce de place, et en somme elle ne fut jamais atteinte et tira jusqu'au dernier jour, quoique presque usée par son tir et faisant déjà éclater prématurément nombre d'obus.

A partir de cette époque, on ne se servit plus de cette pièce usée que pour tirer les projectiles venus de la fonderie de la place; ceux qui éclataient faisaient mitraille sur l'ennemi et en tout cas les éclats n'étaient dangereux pour aucun des nôtres.

Batterie de campagne créée pendant le siége.

Mais je ne dois pas quitter ce sujet, relatif au salut que les pièces d'une place peuvent tirer de leur mobilité même, sans dire quelques mots de la batterie de campagne créée pendant le siége pour soutenir les sorties, et utilisée ailleurs pendant le temps qui s'écoulait entre deux sorties consécutives.

A la formation de l'armée des Vosges, le général Cambriels fut envoyé à Belfort avec le titre de commandant supérieur de la région de l'Est, et chargé de constituer cette armée qui n'existait pas, ou plutôt n'existait qu'à l'état de tronçons et de petits corps indépendants disséminés dans les montagnes.

La première nécessité était de pourvoir cette armée de l'artillerie dont elle manquait presque complétement. On l'en pourvut en partie à l'aide des faibles ressources de Belfort, mais pour cela il fallut presque vider l'arsenal des pièces de campagne qu'il possédait encore et de tous les harnachements et morceaux de harnachement perdus dans les greniers; on utilisa tout, on emporta tout.

Vers la même époque on expédia aussi de Belfort une batterie de montagne au corps de Garibaldi, et pour la constituer il fallut enlever jusqu'à des pièces défendant les poternes et les passages.

On doit comprendre alors dans quelle pénurie nous nous trouvions relativement à l'artillerie roulante lorsque le siége commença. Cependant pour tenter des sorties ou au moins conduire jusqu'à l'ennemi ces mobiles, soldats d'hier, mal armés, mal équipés et mal encadrés, il fallait de toute nécessité faire sortir avec eux du canon et les faire suivre jusqu'à portée de fusil.

Le colonel Denfert donna l'ordre de prendre à l'armement même de la place trois pièces rayées de 4, une pièce rayée de 12, de les remplacer par des pièces lisses, de réquisitionner les chevaux qu'on pourrait trouver aux environs et les chevaux de gendarmes, de confectionner des harnais avec tous les cuirs et les cordes qu'on trouverait dans la place et d'en constituer une batterie dite provisoire de campagne.

Le commandement en avait été donné au capitaine Verchère, qui fut chargé de l'organiser, et l'on peut voir dans la relation de la défense de Belfort les services qu'elle rendit aux sorties de Bessoncourt et de Sévenans; l'examiner de nouveau ici nous entraînerait trop loin, du reste l'étude du rôle de l'artillerie dans ces luttes, qui furent de véritables combats en rase campagne, est hors du cadre que nous nous sommes tracé ici.

Au mois de décembre, M. Verchère étant malheureusement tombé très-grièvement malade, je fus appelé au commandement de cette batterie, tout en conservant mon commandement au Château.

Le colonel Denfert eut l'idée, à cette époque, d'utiliser les pièces de cette batterie en l'établissant dans la campagne, tout en lui conservant, en cas de besoin, son rôle de batterie roulante pour les sorties; nous allions ainsi combattre l'ennemi par des feux impossibles au canon de la place, et nous utilisions pour cette lutte nouvelle l'immense espace dont nous restions maîtres par suite de notre défense des positions éloignées.

Ce nouvel accroissement de notre feu était du reste sans préjudice pour notre provision de projectiles rayés, parce que nous possédions un assez grand nombre de projectiles de 4 relativement au nombre des pièces correspondantes, et relativement surtout au nombre de nos autres projectiles à longue portée.

Son rôle.

Les pièces de cette batterie volante, c'est-à-dire trois pièces de 4, la pièce de 12 et une pièce de 12 de siége qui me restait sans usage au fossé 11-12 du Château, et que j'adjoignis aux trois précédentes, furent établies sur la croupe qui des Perches descend vers le glacis du Château, et un peu en avant de la ligne allant des batteries du Bosmont à la redoute des Basses-Perches, pour ne pas recevoir les coups trop longs tirés de ces batteries sur le fort.

Elles étaient à mi-côte, de manière à voir autant que possible le flanc des batteries d'Essert et à très-bien découvrir les alentours de la redoute de Bellevue, et surtout la route qui de Bavilliers débouche sur le plateau ; le principal rôle de ces pièces étant de prêter, en cas de besoin, appui à notre ouvrage avancé.

En avant on avait élevé des coffres légers, percés de larges embrasures revêtues de gabions; les terre-pleins étaient enfoncés et les magasins situés dans le passage de l'arrière de la plate-forme, absolument comme pour les batteries rapides de première période.

Pour ces quatre pièces, nous fîmes quatre batteries différentes, et plus tard une levée de terre en avant pour dissimuler l'emplacement des coffres. On traça aussi un large boyau de communication, long de plusieurs centaines de mètres, reliant cette batterie au petit hameau du Fourneau. Les pièces n'étaient jamais deux jours de suite à la même place, elles tiraient tantôt de derrière un des coffres, tantôt de derrière la levée du boyau, en sorte que l'ennemi, trompé par ces crêtes multipliées et très-allongées, ne put jamais les repérer convenablement et ne fit sur elles qu'un tir sans valeur.

Les avant-trains, les munitions en réserve et les artilleurs au repos étaient cachés dans les maisons et les cours du Fourneau. L'ennemi s'en douta, bombarda ce petit hameau, et un matin il fallut même à la hâte faire rouler dans la neige nos projectiles abrités sous un chaume en feu. On fit alors une large tranchée derrière un mur, on dressa un blindage oblique en bois, et on y accumula un tel matelas de fumiers réquisitionnés au hameau, que les munitions y furent par la suite complétement à l'abri.

Après la prise de Danjoutin, comme cette batterie pouvait être exposée à une insulte de l'ennemi, sinon à une surprise, on la transporta en un autre point dans la campagne, où elle n'eut plus pour but que de défendre tout mouvement tournant dirigé contre les ouvrages des Perches situés à 1,200 mètres en avant de la place et peu fermés à la gorge, et aussi de prêter encore secours à Bellevue en cas de pressant besoin.

Elle fut établie au tournant de la route de Pérouse, en avant de la lunette 18, et sur la route qui à ce tournant passant en déblai dans le glacis du Château nous procurait par ce glacis même un épaulement presque tout constitué, ce qui n'était pas à dédaigner à cette époque où un mètre cube de terre ne s'obtenait que par deux et trois jours de fatigue.

Cette batterie, portée le 20 janvier par ordre du gouverneur derrière les épaulements des carrières de Pérouse, fit encore assez bonne figure dans la belle défense de ce village. Enfin, plus tard, conduite en arrière du Fourneau, elle servit à fortifier cette position et celle de la gare, où par malheur l'ennemi n'eut pas le temps de s'aventurer comme nous l'espérions tous, la convention de notre sortie ayant été signée avant.

Pendant tout ce temps les conducteurs et les attelages encore debout rendaient à la place d'autres services, en opérant tous les transports de vivres et munitions des forts avancés, dont les hommes désertaient par corvées de 15 à la fois lorsqu'on les envoyait en ville, comme cela arriva trois fois en un jour à la garnison des Hautes-Perches formée de recrues que le 45e de ligne avait reçues du Haut-Rhin. Ce service des conducteurs était important et non sans danger, et après le désarmement des Perches qu'ils exécutèrent au dernier moment avec courage et en subissant quelques pertes, ils méritèrent du gouverneur un ordre du jour très-louangeux pour eux et pour toute la batterie.

État de l'artillerie dans la place à la déclaration de la guerre.

Avant d'entrer dans le détail plus technique encore de ce qu'a fait l'artillerie de la défense, je crois devoir donner un aperçu de l'état de l'artillerie de la place au moment de la déclaration de la guerre.

A cette époque il ne restait plus dans la place aucune batterie d'artillerie, la batterie du 5e régiment qui y était détachée de Strasbourg ayant été appelée à une autre destination.

Sur les instantes réclamations du commandant qui s'y trouvait seul, n'ayant à son service que quelques gardes et pas de travailleurs, la 1re batterie du 7e régiment dont j'avais le commandement y fut envoyée de Rennes, et nous arrivâmes à Belfort avec notre faible effectif le 6 ou 7 août au soir.

On y était sous le coup d'une bien vive émotion, Reichshoffen avait eu lieu pendant que nous étions en route et nous n'en eûmes la nouvelle qu'en débarquant. On craignait une invasion allemande par la trouée de Belfort, le 7e corps, avec sa réserve et la seule division qui lui restait alors, rétrogradait à marches forcées pour se mettre à l'abri sous le canon de la place, et malheureusement ce canon n'existait que peu ou point.

L'armement de sûreté qui, d'après les ordres de la commission de 1867 et les dernières prescriptions ministérielles qui les complètent, devait être en totalité ou au moins en partie établi à demeure et à poste fixe, en paix comme en guerre, n'existait presque nulle part.

Ainsi, pour n'en donner qu'un exemple, je dirai que le bastion 20 (tour des Bourgeois), qui d'après les plans de l'armement devait avoir dès cette époque quatre pièces, n'avait à notre arrivée pour toute défense qu'une pièce lisse de 16 montée sur un affût (système Gribeauval) à plusieurs assises, monté lui-même sur un châssis même système et à moitié pourri.

Tout autour s'élevaient à un pied de haut des plantes sauvages et des herbes qu'aucun pied n'avait foulées depuis longtemps. C'était le premier affût de ce genre que je voyais depuis mon entrée au service, je voulus le faire mouvoir, c'était impossible ; après le plus léger mouvement il retombait lourdement en place et se plaignait par toutes ses articulations.

Cependant ce bastion est un des plus importants de la fortification, il défend la route même par laquelle revenait une partie du 7ᵉ corps, et plus tard nous y établîmes jusqu'à deux pièces de 24 de place, cinq de 12 de place, et deux de 16 lisses, qui toutes jouèrent un certain rôle pendant le siége.

Mais avant d'en arriver là les hommes du maréchal des logis Chaourt remuèrent de la terre, des bois et des rails trois mois durant.

Dès le premier jour de notre arrivée, nous fûmes employés à mettre quelques pièces en batterie à la limite gauche du camp retranché qui était peu armé.

Puis nous fûmes employés à recouper les talus de l'enceinte inférieure du Château, à les revêtir et à armer cette enceinte au plus vite. Nous n'y fîmes que des revêtements en clayonnage très-lâche, parce que nous manquions de bois et qu'il n'y avait pas de temps à perdre. Je dois dire que ces grands revêtements qu'on nous avait prescrits, ne tinrent pas contre ces hauts épaulements presque tout entiers en pierre et garnis simplement d'un peu de terre à la surface : il fallut plus tard les refaire en entier.

Augmentation du personnel.

Vers le 20 août, la garnison fut augmentée en artillerie par l'arrivée de quatre nouvelles demi-batteries à pied du 12ᵉ régiment, d'un effectif aussi pauvre que le mien. Deux de ces batteries prirent le travail du camp retranché, une prit celui de la ville, et une autre vint se joindre à la mienne pour le service du Château.

Il faut ajouter à ces nombres trois batteries de mobiles du Haut-Rhin qui étaient en train de s'habiller, de s'équiper et de se former, et deux batteries de mobiles de la Haute-Garonne, peu instruites et peu formées encore, qui n'arrivèrent que deux mois plus tard environ.

Chacun travaillait de son mieux et le plus vite possible, parce qu'on sentait alors le prix du temps et surtout parce qu'on voyait dans quel état de faiblesse et de pauvreté pouvait nous surprendre l'ennemi s'il se présentait alors que le 7ᵉ corps partant pour Châlons, en attendant le gouffre de Sedan, nous avait entièrement livrés aux seules ressources que peuvent représenter quelques cadres incomplets, quelques mobiles en formation et quelques pièces dressées çà et là et à la hâte.

Le génie, fortement organisé dès cette époque, travaillait vigoureusement et avec méthode ; mais dans l'artillerie on travaillait sans beaucoup d'ordre et de suite, la direction supérieure manquant totalement.

Arrivée du colonel Crouzat.

Le ministre de la guerre, le général Montauban, comte de Palikao, fut prévenu de cette dernière particularité par une suite de rapports d'un enchaînement assez curieux. Il chercha alors un homme énergique à envoyer pour commander l'artillerie de la place, jeta à bon droit les yeux sur le colonel Crouzat, l'envoya à Belfort et rendit en cela un véritable service à la défense.

Le colonel Crouzat mit, dès le premier jour de son arrivée, de l'ordre et de la précision dans cet amalgame assez confus, assez peu défini, où chacun avait grand'peine à reconnaître la limite de ses devoirs propres et partant de sa responsabilité personnelle.

Mais cette organisation apportée par cet officier supérieur dans le service proprement dit de l'artillerie me semble assez intéressante et assez importante même pour mériter une étude plus attentive et plus détaillée ; je vais donc dire en peu de mots en quoi elle consistait.

Organisation du service.

Vu le peu de ressources dont l'artillerie disposait en officiers et hommes, et vu l'impossibilité de former des tours de service, le colonel Crouzat divisa l'ensemble de la défense (artillerie) en huit groupes qui répondaient aux cinq demi-batteries à pied de l'armée active et aux trois batteries de mobiles du Haut-Rhin. Ces groupes, dont l'importance était forcément inégale, furent confiés à titre définitif et permanent aux chefs de ces diverses batteries qui, à partir de ce jour, devenaient comme isolés dans leurs commandements.

Chacun ne répondait plus que de la portion d'enceinte qui lui était confiée ; il devait l'armer, y loger ses hommes en leur créant des aménagements et des abris, s'y pourvoir de munitions, et enfin plus tard s'y défendre si l'ennemi se présentait.

Les batteries de ligne, solides en cadres, mais peu fournies d'hommes, furent, à l'effet de tirer parti de leurs cadres, fortifiées avec des mobiles pris dans les bataillons alors existant dans la place, c'est-à-dire de la Haute-Saône et du Rhône; la 1re batterie du 7e régiment en reçut ainsi jusqu'à 160.

Dans cette organisation du personnel, l'ancien commandant de l'artillerie resta sous les ordres directs du colonel Crouzat comme chargé de l'Arsenal, de la comptabilité et des écritures.

Cette organisation avec postes fixes, qui fut conservée plus tard par le colonel Denfert [1] et améliorée même par lui, puisqu'il mit sous le contrôle direct et immédiat du gouverneur les chefs des principaux commandements de l'artillerie, cette organisation, dis-je, était très-bonne, et je crois qu'elle a rendu de bons services à la défense. Avec elle, il est vrai, on était toujours de service; mais comme on logeait près des hommes ou avec eux, la surveillance y gagnait et nous n'en éprouvions pas de trop rudes fatigues. J'ai dit, d'ailleurs, qu'on ne pouvait faire autrement, vu notre petit nombre; mais je crois, en outre, que ce système est bon, absolument parlant, et qu'il serait sage de l'adopter une fois pour toutes dans les défenses de places, en y introduisant les changements et les soulagements que le nombre permettrait d'y apporter.

D'abord, il fait naître une étonnante émulation, non pas pendant le combat seulement, mais surtout pendant les longs aménagements et les longs travaux qu'il est bon d'entreprendre dès qu'on arrive à son poste et comme si l'on devait être attaqué sur l'heure, parce que c'est d'eux que dépend tout le succès à venir.

Puis je crois que l'on n'a vraiment de goût à construire et à réparer que lorsqu'on sait bien que seul on jouira de son travail, que seul on en tirera profit, et qu'on ne fait pas, par exemple, aujourd'hui une batterie qu'un autre armera demain et qu'un troisième servira après-demain, comme j'en ai vu très-souvent donner l'ordre au grand découragement de ceux qui en ont été l'objet.

Enfin, pour terminer, j'ajouterai qu'on ne connaît bien le fort et le faible que de ce qu'on a créé soi-même et non de ce qu'on reçoit tout fini et tout édifié.

---

1. Nommé gouverneur après le départ du général Crouzat.

Pour ma part, j'ai appliqué ce système jusqu'à mes sous-officiers et même jusqu'à mes canonniers dits chefs de pièce; chacun servait avec le même personnel fixe une seule et même enceinte, portion d'enceinte ou pièce, et après avoir étendu chez moi, jusqu'aux degrés inférieurs de la hiérarchie militaire, ce principe de l'individualisme et de la responsabilité personnelle que nous tenions du gouverneur, je dois le dire, je n'ai eu qu'à m'en louer et à m'en louer à tous égards.

Dans cette répartition, chaque maréchal des logis commandait, surveillait, réparait, servait enfin dix grosses pièces à la fois, c'était trop sans doute; aussi avec un plus nombreux personnel pourrait-on apporter des correctifs à l'organisation qui nous a régis là-bas, mais je voudrais les voir tous apportés dans le sens de la diminution du commandement, mais non dans le sens du remplacement d'une individualité par une individualité de grade égal et avec tours de service.

Qu'on soit toujours moralement de garde et au même poste, qu'on ait des aides auxquels à un moment donné on délègue la surveillance, mais sans que jamais on puisse en même temps déléguer la responsabilité effective.

Quant aux non-gradés, ils se remplaceront évidemment par tours de service, mais encore doit-on faire en sorte que ces tours aient lieu aux mêmes postes et entre les mêmes hommes.

On objectera enfin peut-être, comme dernière objection, qu'avec ce système on exposera inégalement les hommes, mais je répondrai que d'abord c'est inévitable quoi qu'on fasse, puis, que si les officiers ne s'en plaignent pas, et c'est ce qui arrivera toujours pour bien des raisons, les hommes ne songeront pas à s'en plaindre.

Je crois qu'on s'attache au coin qu'on a fortifié comme, d'après Lafontaine, au champ qu'on a semé; j'en ai fait pour ma part à Belfort la sérieuse expérience.

Par la nature des lieux et le système d'attaque des Prussiens, j'ai eu, dans ma seule batterie, les huit dixièmes des hommes atteints par le feu, c'est-à-dire peut-être dix fois plus qu'aucune autre batterie de la place; cependant aucun homme, mobile ou autre, n'a voulu ou désiré seulement quitter la batterie pour passer dans une autre ou rentrer à son bataillon.

Et la seule récompense que ces braves gens aient jamais demandée en partant, a été un simple certificat constatant qu'ils avaient servi à la batterie.

Après cette digression sur l'organisation de notre personnel, digression que je croyais utile de faire, parce que cette organisation me semblait avoir contribué au succès de notre défense, j'en reviens à l'étude de l'armement de la place et aux travaux préparatoires que nous eûmes à faire en vue même d'une défense ordinaire.

État des remparts au point de vue du service de l'artillerie.

J'ai déjà eu l'occasion de dire, en passant, dans quel état était l'armement de sûreté du bastion 20, et il était presque partout le même dans le reste de la place. Les talus n'étaient recoupés nulle part, les quelques pièces en batterie n'avaient pas de plate-forme, pas de revêtement au talus intérieur, et surtout n'étaient défilées de nulle part. Je ne dis que l'absolue vérité en affirmant qu'il n'y en eut pas une que nous ne dûmes abaisser de 1 mètre à 1^m,50.

Et ceci tient à une cause générale qui fait que l'on n'est pas assez habitué, même dans notre arme, à travailler pendant la paix en vue de la guerre et comme si l'ennemi était là ; on travaille pour finir sa tâche et on la croit parachevée lorsqu'au coup d'œil l'ensemble est satisfaisant, régulier et propre.

Ainsi, à Belfort, aucune pièce n'était défilée, parce que, les épaulements étant tous en pierres couvertes d'une faible couche de terre, il fallait, pour les baisser et faire des embrasures, mettre à nu ces pierres et c'eût été d'un vilain effet pour la vue.

Il n'en est pas moins vrai que lorsque l'ennemi fut annoncé et la guerre déclarée, il fallut le faire et ce ne fut pas sans fatigue.

Au cavalier du Château, les pièces étaient cependant à peu près toutes en batterie dans les casemates et sur la plate-forme, seulement les revêtements des embrasures et de l'épaulement élevé et presque vertical qui couronne le Cavalier étaient en simples gazons uniformes, sans panneresses ni boutisses, peu piquetés et non reliés aux terres. A la première gelée ces revêtements si réguliers et si beaux à l'œil se renversèrent après décollement, et avec eux les deux mètres de terre qu'ils soutenaient.

Tout était à refaire.

Revêtements refaits entièrement en gabions.

Aux enceintes basses du Château nous avions fait les revêtements des talus recoupés en clayonnage; mais ces revêtements ne tenant pas contre ces épaulements rocailleux et pierreux, je résolus de faire ceux du bastion 20 et des enceintes supérieures rien qu'en gabions si l'ennemi m'en laissait le temps.

J'avais déjà, grâce aux corvées que j'envoyais au bois chaque jour et dès le lever du soleil, plusieurs centaines de gabions en réserve, et l'on put commencer de suite le travail qui pressait le plus, celui du sommet du Cavalier.

C'était un mur de plus de 100 mètres de long et de plus de 2 mètres de haut qu'il fallait refaire, et il fut terminé bien avant l'arrivée des Prussiens.

On eut le temps même de faire semblable opération au reste des enceintes hautes.

En somme au Cavalier, à l'enceinte supérieure et à la tour des Bourgeois, les hommes de la batterie ont employé plus de 600 gabions faits par eux, et nous en avions encore bonne provision lorsque le bombardement commença.

Toutes les fois que la levée de terre à soutenir avait plus d'un mètre de haut, on la soutenait avec deux gabions superposés, ayant un fruit du vingtième environ, et le gabion supérieur était en retrait sur le premier de 20 et même de 25 centimètres. Chaque gabion était placé, enfoncé et maintenu en place indépendamment de ses voisins; il était relié aux terres par deux grands piquets en bois de $2^m,20$ de long, ayant un crochet ménagé à la tête. On clouait littéralement le gabion aux terres par ces deux piquets, dont un s'enfonçait perpendiculairement à l'épaulement vers le milieu du gabion et l'autre obliquement vers le pied en allant de haut en bas.

Ce système est, je crois, préférable au système réglementaire des harts, parce qu'il est d'un emploi plus simple, maintient mieux le gabion en place et surtout permet des réparations plus faciles.

Avantages de ce mode de revêtement.

Quoi qu'il en soit, il me semble qu'on ne saurait trop patronner les revêtements entiers en gabions, lorsqu'on a une forêt à sa disposition. Ils sont d'une solidité à toute épreuve contre la poussée des terres, et quant à leur résistance aux coups, je puis dire que les projectiles, même ceux qui frappaient le mieux, ne m'enlevaient jamais plus de deux gabions voisins à la fois : accident réparable toujours en dix minutes au plus, pour des gabions cloués isolément.

Une claie, au contraire, est enlevée tout d'une seule pièce par un seul coup, et tient mal contre la poussée des terres, surtout des terres pierreuses.

Mais je crois que ce mode de revêtement en gabions serait tout particulièrement bon pour ceux qu'on établit d'avance dans les places et qui sont destinés à résister longtemps aux intempéries des saisons avant d'être exposés au feu ennemi.

Un mot sur ce que devrait être un armement de sûreté.

Je ne puis terminer ce chapitre sans émettre le vœu qu'à l'avenir les prescriptions relatives à la mise en place permanente de l'armement de sûreté soient plus formellement exécutées en temps de paix.

Et par armement de sûreté, il n'est pas nécessaire d'entendre absolument la mise en place de la pièce elle-même. On craindrait peut-être par là de laisser pourrir inutilement le matériel en bois, bien que cependant on ait à cet égard la ressource d'adopter définitivement les toits légers que, dans les derniers temps, on avait prescrit d'établir au-dessus de cet armement pour préserver un peu son matériel.

Mais enfin si l'on trouve tout ceci encore trop coûteux, on peut rentrer les affûts dans des hangars ou abris voisins, à la condition que la pièce soit là sur chantiers près de la place même où elle doit être montée, que le terrain sur lequel sera sa plate-forme soit tout prêt et à hauteur voulue, que son épaulement soit dégagé, dressé et revêtu, et enfin son embrasure prête.

A ce propos, je demanderais aussi qu'à une pièce ne correspondît pas seulement une embrasure, mais deux, trois, dans les positions les plus convenables pour le tir, afin que pendant tout le siége les pièces pussent voyager toujours de l'une à l'autre, trompant l'ennemi sur l'armement vrai et déroutant son tir. Pour les défenses rapprochées et en butte à la fusillade, on boucherait simplement les embrasures non servies par de grosses billes de bois debout, et on referait des banquettes volantes pour infanterie avec des chapes et des planches, lorsqu'on en serait à retarder les derniers cheminements et à livrer les derniers combats.

Enfin, comme préparation dernière à l'armement de sûreté, on pourrait aussi établir d'avance les plates-formes, si l'on renonçait à les faire en bois pour ne les faire qu'en rails. On achèterait ces matériaux directement et sur place aux compagnies de chemins de fer, ce qui nécessiterait une faible mise de fonds, le rail de rebut étant presque sans valeur, de vil prix, et cependant aussi bon qu'un neuf pour un pareil service.

Au moment d'une déclaration de guerre, il ne resterait donc plus qu'à mettre les affûts en place et à monter les pièces, ce qui serait une opération de très-courte durée, pourvu que les places de guerre ne fussent pas approvisionnées en chèvres et en crics aussi parcimonieusement qu'autrefois. Seuls, le voyage d'une pièce et la mise en état de l'épaulement, de l'embrasure et du terrain de la plate-forme, sont des opérations longues, c'est ce qu'on ne doit pas oublier.

Quant à l'entretien de tous ces épaulements et à tout ce qui, en définitive, serait le travail spécial de l'artillerie, il pourrait se faire, je crois, à peu de frais. Une seule batterie détachée d'un régiment, travaillant consciencieusement pendant une année, doit pouvoir resuivre et remettre à neuf une place comme celle de Belfort. Chaque batterie des régiments voisins devrait donc y passer à son tour, ce serait pour elle un excellent exercice, et presque un concours, si chaque capitaine était appelé avec ses hommes à faire cet armement en toute indépendance d'idées et sous le simple contrôle et classement de ses supérieurs hiérarchiques, appelés à se prononcer une fois l'armement terminé.

Principe général.

Posons enfin ce principe général, que l'armement de sûreté, de même que l'armement primordial d'une place, ne doit être composé exclusivement que de pièces à longue portée, sauf celles de flanquements rapprochés qui peuvent être des pièces quelconques, pourvu qu'elles tirent des projectiles creux et de la mitraille.

Toute pièce rayée peut être en outre doublée d'une pièce lisse établie sur mêmes chantiers, à la condition qu'on ne la montera sur affût que lorsque l'ennemi sera près, et qu'on ne la substituera à la première qu'en cas de pénurie de projectiles rayés.

CHAPITRE II.

On néglige l'étude de la grosse artillerie.

Je ne sais si je suis dans le vrai, mais il me semble qu'on néglige beaucoup trop chez nous l'étude de l'artillerie de siége et de place, de la grosse artillerie en un mot. On en néglige d'abord la manœuvre, on y met peu de soins, on la considère comme de peu d'importance, et on néglige ensuite et surtout l'étude même des perfectionnements et à plus forte raison des changements radicaux à y introduire.

La faute n'en est qu'à nous, et, pour ma part, après en avoir été frappé à mon entrée dans l'arme, j'ai cédé, comme les autres, au courant général en suivant mes premiers régiments, tenant en petit honneur l'artillerie à pied, aspirant après une batterie montée ou à cheval, et considérant le service de l'artillerie de place et de siége comme un service mesquin et de peu d'importance. Cependant la guerre déclarée, je n'ai pu obtenir, malgré mes sollicitations, une batterie montée; commandant une batterie à pied, j'ai été à contre-cœur envoyé à Belfort, chargé d'un armement important, et mis alors en présence d'un matériel défectueux, mais dont je n'avais jamais pu étudier les défauts à loisir.

Parmi ces défauts, il y en a de monstrueux, auxquels on ne réfléchit certainement que sur place et auxquels aussi on ne peut souvent remédier que lorsqu'il n'en est plus temps.

Un exemple pour juger notre vieux matériel.

Pour donner une idée de ces défauts auxquels je fais ici allusion et que je me propose d'étudier dans ce chapitre, je vais citer un exemple, un seul, mais il est si saillant qu'il me semble suffisant pour établir dès l'abord ma proposition.

Notre ancien matériel comprenait, parmi les pièces de place, une pièce dite de 24, c'est-à-dire lançant un projectile plein de 24 livres;

cette pièce avait un bon tir jusqu'à 1,200 ou 1,400 mètres et pouvait, au besoin, en augmentant l'angle et la charge (la charge maximum était celle du tiers du poids du boulet), aller jusqu'à environ 3,000 mètres sur plate-forme horizontale.

A cette pièce correspondaient deux affûts, l'un de siége et l'autre de place, celui-ci permettant de donner un angle de tir un peu plus grand qu'avec celui de siége et, par suite, d'obtenir une portée un peu plus longue.

Après l'adoption des rayures pour les canons de campagne, on songea à étendre la mesure aux canons de siége et de place, et il fut décidé que le canon de 24 lisse serait rayé et formerait le canon de 24 de place, lançant un obus de $24^k,030$ tout chargé.

Des expériences furent faites pour ce nouveau canon et furent très-favorables à son adoption, son tir était bon et des tables de hausses furent dressées pour un tir de plein fouet jusqu'à 4,000 mètres.

Même on admettait possible un tir plongeant sous l'angle de 24 degrés, ce qui correspondrait à une hausse de 534 millimètres et donnerait de plein fouet, à la charge de $2^k,500$, une portée maximum d'environ 4,700 à 4,800 mètres. (Les tables de hausses ne vont pas jusqu'à cette limite, que je cite par interpolation.)

C'est peu encore, car cette pièce est susceptible d'un très-bon tir jusqu'à 5,000 ou même 6,000 mètres, comme je le dirai plus loin, suivant les expériences de Belfort faites avec des hausses de 1 mètre de long. J'avais obtenu là une table des hausses et dérives prolongée jusqu'à cette limite de tir, par une simple interpolation relevée sur des courbes que j'avais tracées à cet effet sur une vaste aire plane dressée dans les casemates.

Or, à cette pièce réellement bonne jusqu'à 5,000 et 6,000 mètres ne correspondent que les deux anciens affûts dont nous avons parlé et qui lui servaient lorsqu'elle était lisse : on a rayé la pièce, on a augmenté sa portée, sans s'inquiéter de savoir si les affûts existants permettraient d'utiliser cette portée.

Eh bien ! de ces deux affûts, l'un, celui de siége, ne permet qu'un angle de tir de 11 degrés environ, c'est-à-dire une portée de 2,800 à 3,000 mètres, et l'autre, celui de place, ne permet qu'un angle de tir de 12 degrés environ, c'est-à-dire une portée de 3,200 à 3,400 mètres à la charge maximum de 2^k,500, maximum qu'on ne peut considérablement dépasser sous peine de voir les ailettes violemment arrachées. Du reste, si l'on voulait forcer la charge, il faudrait, pour obtenir les nouvelles hausses et les nouvelles dérives, faire une inter-polation à trois termes variables, d'où notable augmentation dans les chances d'erreurs.

Voici donc une pièce qui, comme pièce, pourrait tirer d'un bon tir jusqu'à 6,000 mètres et qui, par suite du mauvais établissement des affûts qui lui correspondent, voit son tir normal limité à la moitié de cette portée.

Qu'on ne dise pas maintenant que, montée sur affût de siége, la pièce peut tirer beaucoup plus loin, en l'établissant sur une plate-forme avec fosse pour la crosse, car je répondrai alors que c'est déjà une compli-cation malheureuse et surtout que je ne la crois pas pratique à la guerre, si l'on s'en tient aux plates-formes en bois réglementées pour les essais des polygones.

Il faut dire, il est vrai, à l'inverse de ce qui précède, que pour le ma-tériel de siége et de place nouveau, créé tout entier à neuf par notre Comité, les conditions de tir sont bonnes et faciles. Je n'en citerai comme exemple que la pièce de 24 de siége, dont l'affût répond bien à sa mission, puisque chargé de porter une pièce tirant juste à 5,000 mètres (limite des tables), et même à 6,000 mètres, il permet large-ment de donner l'inclinaison correspondant à cette portée, pour la charge maximum et normale de 2^k,500.

Quoi qu'il en soit, j'admets comme prouvé surabondamment par l'exemple de la pièce de 24 de place cité plus haut, qu'avant la guerre notre matériel en service pour la grosse artillerie n'était pas suffisam-ment étudié.

Utilité et nécessité de le modifier à Belfort.

A Belfort, nous n'avions dans la place aucune pièce et par suite aucun affût de 24 court ou 24 de siége; nous avions quelques pièces de 24 long ou 24 de place, quelques pièces de 12 de place (rayées), de 12 de siége (rayées), de 12 et de 4 de campagne (rayées), et enfin un assez grand nombre de pièces lisses, pièces de 16, obusiers de 15, de 12, et mortiers de 32, 27, 22 et 15 centimètres.

L'ennemi connaissait très-bien notre armement, puisqu'il en avait trouvé l'état très-exact et très-détaillé dans les papiers non brûlés à la direction de Strasbourg avant la remise de cette place.

Il vint donc en toute confiance établir sa ligne de contrevallation à 4,000 mètres de nous, occupant même les villages situés à 3,200 et 3,000 mètres, et établissant son état-major général au château de M. le banquier Saglio, à Sévenans, situation très en vue du château de Belfort, puisqu'elle domine la vallée de la Savoureuse, mais position sûre, dans ses prévisions au moins, puisque ce château est distant de 5,600 mètres environ de la place.

Le colonel Denfert ordonna de tirer sur ces positions, plutôt en vue de frapper l'imagination de l'ennemi dès le début du siége, que d'entamer une lutte sérieuse avec lui à cette distance, lutte toujours un peu incertaine et que ne nous permettait pas surtout notre grande pénurie de projectiles rayés.

Nous n'avions pas, je l'ai déjà dit, d'artillerie tirant normalement aux deux tiers de cette distance, et il fallut modifier, pour y arriver, le matériel que nous avions en service. Quoi qu'il en soit, l'opération réussit, le but fut atteint; car l'ennemi recula, pour le moment du moins, sa ligne de contrevallation, et quant à l'état-major général, il se transporta précipitamment à Bourogne, situé à 9 kilomètres de nous et invisible de la place, abandonnant le château de Sévenans, où nos obus avaient porté, sinon sur le château lui-même, au moins dans le parc et dans la cour.

Plus tard l'ennemi put revenir dans ces positions, lorsque notre faible réserve de projectiles rayés ou creux nous obligea à les conserver pour les attaques de vive force, et à ne plus soutenir la lutte à distance qu'avec des boulets et des bombes lancés jusqu'à 3,000 mètres.

Mais l'effet moral était produit, l'ennemi n'était plus en confiance, il n'avançait que par des travaux réguliers, partant enfin de très-loin au lieu de partir, comme il l'avait fait ailleurs avec tant de succès, de 3,000 et même 2,000 mètres.

Cet effet moral fut même tel, que tous les journaux allemands accréditèrent à cette époque en Prusse et à l'étranger la nouvelle, que nous avions dans la place un formidable matériel de marine.

Les Prussiens doivent en rire aujourd'hui, mais les étrangers le croient toujours, et l'autre jour encore un capitaine du génie de la garde impériale russe, M. W. de Melnitzky, envoyé en France pour étudier la défense de Belfort, se montrait incrédule devant mes dénégations à ce sujet.

Je crois donc utile d'indiquer ici par ordre et en détail toutes les modifications essayées sur les affûts de la place de Belfort en vue d'augmenter la portée des pièces qui y correspondaient.

Il est bien entendu que le matériel résultant de ces transformations ne vaut pas à tous égards un matériel nouveau, créé de toutes pièces en vue d'une grande portée, tel par exemple que l'affût et pièce de 24 court, ou tout autre qu'on pourrait inventer. Seulement, comme nous avons encore beaucoup de vieux matériel, que de longtemps peut-être le Comité ne sera pas en mesure de le changer, n'aura pas surtout les ressources qui seraient nécessaires à cet effet, il me semble bon d'indiquer tout le parti qu'on en peut tirer, ou au moins pour être plus modeste, le parti qu'on en a tiré à Belfort, sous le feu de l'ennemi, précipitamment, et sans l'établissement des ateliers nécessaires à de grandes et coûteuses modifications.

Modifications apportées aux affûts de place montés sur grands châssis.

Les premières modifications apportées aux affûts de place furent très-simples et se présenteraient certainement à l'idée de tout le monde, aussi je ne les indique ici que pour mémoire et pour faire connaître les résultats auxquels elles nous ont conduits.

La première modification consiste à supprimer la vis de pointage et à pointer à l'aide de petites cales de bois formant plan incliné.

On gagne ainsi 200 à 300 mètres environ.

Mais à propos des vis de pointage, je dirai, pour donner une idée du peu de soins apportés à la surveillance du matériel de nos places de guerre, que dans la place de Belfort pas une seule vis de pointage n'était préparée pour le pointage des pièces rayées, c'est-à-dire que les branches de manivelle, étant trop longues, venaient butter contre la hausse latérale engagée dans son canal. Il fallut les diminuer toutes, opération peu difficile, il est vrai.

A la première modification on peut toujours, dans le même esprit, joindre la suppression de l'écrou de la vis de pointage, ce qui fait encore gagner en portée une centaine de mètres.

Le pointage s'opère toujours dans ce cas avec des coins ; mais les coins en bois ne peuvent pas, dans les dimensions nécessaires à ce mode limite de pointage, résister longtemps ; il faut employer des coins en fer. J'en fis dresser pour le Château, à ma forge de campagne, quelques-uns qu'on trouvait très-commodes : ils avaient une poignée, un plan incliné lisse et une sole armée de griffes ou petits relevés de fer, destinés à mordre dans l'échantignolle.

· Enfin, comme modification plus radicale de l'affût, on peut diminuer l'échantignolle. La limite à laquelle on doit s'arrêter dans cette modification, sous peine de trop affaiblir la résistance du support, est de 10 à 12 centimètres environ, ce qui augmente encore la portée de 300 à 400 mètres.

Conjointement, si on veut, avec les modifications précédentes, on peut encore opérer l'inclinaison du grand châssis d'arrière en avant, soit en sortant en partie hors de terre les semelles du petit châssis, soit en enfonçant la voie circulaire de la queue.

Toutefois, lorsqu'on a diminué l'échantignolle de 10 à 12 centimètres, il serait imprudent d'incliner en même temps le grand châssis. On doit le conserver sensiblement horizontal, sous peine de voir par un temps sec l'affût de place chassé hors de la queue de la directrice, ou par un temps humide l'affût renversé, surtout lorsque les arcs-boutants serrent un peu par leurs extrémités les flancs de cette même directrice. On voit, en effet, par un calcul approximatif, que pour le canon de 24 de place, sous l'angle de 20 degrés (échantignolle coupée de 10 centimètres), le moment produisant la rotation de l'affût autour de la queue, avec un grand châssis horizontal et à la charge de $2^k,500$, s'obtient pour un coefficient de frottement double de celui de bois sec sur bois sec, ce qui est très-sensiblement celui de bois humide sur bois humide.

Les modifications précédentes ou des modifications analogues furent faites aux affûts du Château, de la Justice, de la Miotte, des Barres, et on en tira bon profit.

Mais il est bon de faire à ce sujet une remarque qui ne manque pas d'importance : plusieurs grands châssis de pièces ainsi disposées, et même de pièces exécutant le tir normal à la charge normale, et avec affûts non modifiés, furent brisés à Belfort et tous à la hauteur de l'entretoise du milieu. Ces accidents tenaient à la détérioration de ce matériel trop vieux et resté trop longtemps à l'arsenal.

Quelques grands châssis du Château purent être réparés à la forge de la batterie, mais on remarqua surtout que l'on supprimait presque complétement ces ruptures en mettant une forte bille de bois ou un chantier de pièce, sous l'entretoise à la hauteur de laquelle avait lieu la rupture, et j'ai cru utile de l'indiquer ici.

Cette rupture est produite par la trop grande flexion subie par le grand châssis au moment du tir, et le chantier a pour but de la limiter; cependant, si le chantier touche l'entretoise, il y a encore rupture par le coup de fouet ou contre-flexion; seulement la face de rupture, dans ce cas, est la face supérieure, tandis que dans la rupture normale c'était la face inférieure.

En résumé, il faut que le chantier soit posé carrément, bien d'aplomb, et laisse sur toute son étendue un espace de 2 à 3 centimètres entre lui et l'entretoise, pour permettre l'élasticité du grand châssis, tout en la limitant.

Modifications apportées aux affûts de place montés sur lisoirs directeurs.

Avant de parler des modifications qui furent apportées à ces affûts, je vais poser le problème tel qu'il se présentait à Belfort, parce que l'on comprendra mieux après la nécessité de faire quelque chose, et que l'on jugera mieux de ce qui fut fait.

Un des armements sans contredit les plus importants de la place de Belfort était l'armement du cavalier du Château. Ce cavalier constitue deux étages de feux, un étage supérieur à ciel ouvert et un étage sous casemates, tous les deux n'ayant de feux que sur les hauteurs des Perches. Les pièces de l'étage supérieur (12 de place montées sur affûts de place et grands châssis) avaient été retournées pour tirer sur Essert, mais mal couvertes par la caserne du Château qui leur servait de masque, j'avais dû, comme je l'ai déjà dit, les descendre, les établir ailleurs et me priver de ces feux plongeants en même temps que des feux directs qu'elles pouvaient au besoin, par retournement, fournir sur les Perches. Seules, la pièce du flanc sous blindage (Catherine) et la pièce directe sur Sévenans (24 de place sur affût de siége et plate-forme en rails), protégée elle-même par le blindage de Catherine, avaient pu être conservées.

Quant aux pièces des casemates, c'étaient dix pièces de 24 montées sur affûts de place et lisoirs directeurs. Elles tiraient à travers des embrasures en pierre dont les clefs de voûte et la maçonnerie avaient été blindées suivant un système particulier que j'indiquerai au chapitre III.

Ces pièces, si on se reporte au tableau de l'ancien armement, avaient pour mission de battre les hauteurs des Perches et d'empêcher l'ennemi de s'y établir sans cheminements et sans travaux préparatoires.

Cette puissante batterie était admirablement propre à remplir ce rôle, car les Perches ne sont distantes du Château que de 1,100 à 1,200 mètres au plus.

Mais tout était changé, nous avions occupé les Perches par deux petites redoutes en terre commencées avant l'investissement et terminées depuis l'ouverture du siége; ces redoutes étendaient plus loin notre ligne de feux et reculaient l'ennemi au moins jusqu'à la hauteur du Bosmont, distante de la place de 2,700 mètres environ et des Perches de 1,500 mètres.

C'est en effet là qu'il établit par la suite ses principales batteries de siége sur le Château et les Perches, et c'est de là qu'il fit partir ses cheminements pour l'attaque de ces petites redoutes avancées. Or, construites très-rapidement depuis la guerre, peu munies en ressources, mal fermées à la gorge, elles ne présentaient pas par elles-mêmes une très-grande force de résistance : elles n'avaient que 250 à 300 hommes de garnison, quelques pièces légères et quelques mortiers.

De toute nécessité, elles devaient donc recevoir un appui solide de la place même, et le recevoir tout naturellement du Château, position centrale dominant les Basses-Perches, fort peu dominée par les Hautes-Perches, et si puissamment armée dans cette direction.

Seulement, les pièces du sommet du Cavalier n'étaient plus là, celles de l'enceinte supérieure restaient peu nombreuses, en même temps que nécessaires dans la direction d'Essert et de Bellevue, celles enfin des enceintes basses pas suffisamment garées avaient dû disparaître en grande partie sous les coups de revers et de flanc venus d'Essert et de Bavilliers.

Il ne restait donc presque pour soutenir nos redoutes hautes si nécessiteuses et dont le tir devait être sitôt éteint, il ne restait en somme que les feux des dix pièces de 24 des casemates du cavalier du Château.

C'était bien suffisant, dira-t-on.

Sans doute, mais malheureusement ces pièces avaient été établies pour tirer sur les Perches à 1,200 mètres, et si, par des modifications analogues à celles énoncées au commencement de ce chapitre, on tentait de modifier les affûts de place sur lesquels elles étaient montées, pour tirer à 3,500 mètres, c'est-à-dire pour couvrir tout le bois du Bosmont, on tombait dans une difficulté bien plus grande, car dès la distance de 2,000 mètres, la bouche de la pièce venait frapper le ciel même de l'embrasure en pierre, et par le tir saignait du nez sans pouvoir être remise en batterie.

Quant à monter ces pièces sur des affûts de siége et à enfoncer la crosse, c'était encore impossible, car le sol des casemates était un sol en stuc très-dur, avec sous-sol en maçonnerie voûtée pour recouvrir des caves qui s'étendent au-dessous.

Il fallait donc, ou renoncer à battre même le pli de terrain qui s'étend entre les hauteurs des Perches et du Bosmont, ou aviser.

Voici ce qui fut fait:

Les pièces, ai-je dit, étaient montées sur affûts de place avec lisoirs directeurs. Ces lisoirs directeurs ne pivotaient pas sur le sol naturel suivant la disposition adoptée le plus souvent, parce qu'il n'y avait pas dans ces casemates de Belfort de cheville-ouvrière scellée à demeure dans une niche, d'ordinaire préparée à cet effet dans la maçonnerie. Là, les chevilles étaient portées par de forts madriers en bois ayant environ 20 centimètres d'équarrissage, reposant sur le sol de la casemate et maintenus en place par un épais massif en terres rapportées, qui servait en outre à racheter les 20 centimètres d'élévation pris par le madrier porte-cheville-ouvrière. Sur ces terres avait été établie une plate-forme pleine en madriers jointifs, prenant encore 5 centimètres en élévation. C'est sur cette plate-forme que glissait le lisoir directeur.

Je supprimai tout ce bâtis et tout ce massif, haut de 25 à 30 centimètres à chacune des dix pièces, et j'essayai de les faire simplement tirer de dessus ces affûts de place qui glissaient alors sur leurs deux roulettes de tête et sur les deux queues des arcs-boutants.

Mais les queues s'écrasaient sous le choc et l'affût en vieux bois menaçait de ne pas fournir un tir bien long; j'armai alors les queues des arcs-boutants avec des plaques de fer préparées à ma forge. Encore fatigue très-grande de l'affût et par surcroît détérioration très-rapide du sol des casemates.

Je fis alors fixer à l'arrière de chaque affût un des galets mêmes du lisoir directeur. A cet effet, on cloua solidement deux contre-forts en bois entre les deux arcs-boutants pour en réduire l'intervalle à la queue, laisser peu de jeu au galet et éviter ainsi son vacillement, qui eût produit sur l'axe une trop grande fatigue. On fit de nouveaux axes avec les mains-courantes des escaliers brisés du Cavalier, ceux des lisoirs étant trop courts, et on les fixa entre deux demi-crapaudines attachées en couple aux talons des arcs-boutants par quatre grosses vis à tête carrée.

J'avais ainsi gagné par le pied les 30 centimètres qui me manquaient en haut, et quant au système, il réussit admirablement; on en pourrait sans doute juger encore sur place. Le service de la bouche à feu était devenu très-facile, et la pièce était tellement maniable sur ce nouveau support, que cela nous permit plus tard de garer, après chaque salve, derrière les piliers des voûtes d'arêtes, nos pièces trop exposées pendant le repos, alors que notre pénurie de projectiles nous mettait dans la pénible obligation de ne répondre que par intervalles au feu terrible de l'ennemi établi aux Perches.

Nous exécutâmes d'abord avec ces pièces un tir réglé passant au-dessus des ouvrages et contre-battant les batteries que l'ennemi établit au Bosmont dans les premiers jours de janvier, puis un tir réglé dans le pli de terrain en avant des Perches, pour suivre les cheminements que l'ennemi y traçait contre ces ouvrages. Pour les attaques de vive force, nous conservions tout préparés des feux répondant aux diverses couleurs accusées par ces forts, et qui, suivant les sages précautions prises à l'avance par le gouverneur, correspondaient aux attaques de front, de gauche, de droite ou de tous les côtés à la fois.

Les distances étaient bien connues, les hausses bien repérées, et des gouttières toutes tracées pour les roues et la queue permettaient de raser jusqu'aux abords des forts, sans jamais les atteindre, même de nuit.

Dans la soirée du 26 janvier, nous contribuâmes, pour notre part, au beau succès de cette journée, en aidant à repousser les renforts considérables que l'ennemi masquait dans ses tranchées.

Ceux qui, des forts éloignés, pouvaient juger du coup d'œil, disaient que jamais on ne vit plus beau spectacle que celui de cette noire façade du Château qu'illuminèrent pendant une heure les éclairs non interrompus de ces dix pièces tirant à volonté et couvrant d'obus les abords des redoutes, pendant que les feux de la Justice, par un tir oblique, en rasaient les saillants.

Le tir était vraiment merveilleux, disait, dans son rapport du lendemain, le chef de bataillon Ménaugié, commandant des Hautes-Perches, et je crois qu'on ne saurait trop insister sur ce fait, peut-être inouï dans l'histoire des sièges, de redoutes avancées recevant leur flanquement de pièces situées à 1,200 mètres en arrière et sur le côté, et flanquement tel que, même cette nuit-là, aucun accident n'y fut à déplorer.

Tout était prévu par les ordres généraux du gouverneur, et voici qu'en une heure de temps, sans nouveaux ordres, une attaque inopinée d'un ennemi s'élançant de 100 mètres à l'assaut de deux faibles redoutes, est repoussée avec pertes énormes pour cet ennemi si sûr

Pièces montées sur affûts de siège.

Mais toutes ces transformations ne tendaient qu'à augmenter l'étendue de notre tir de 700 à 800 mètres, et il était nécessaire de chercher une solution plus radicale du problème, soit, comme je l'ai dit, pour frapper l'imagination de l'ennemi en délogeant son état-major et ses parcs des positions qu'il avait choisies à 4,000 mètres de la place, soit pour inquiéter ses convois qui semblaient circuler avec confiance sur les routes situées à cette distance, et les obliger en même temps à de plus longs circuits. Cette solution ne pouvait nous être fournie par les affûts de place, et comme, d'ailleurs, nous n'en avions qu'un nombre très-limité, il fallait utiliser de toute nécessité les affûts de siége.

Normalement ces affûts ne permettent qu'un tir limite de 200 ou 300 mètres encore plus court que celui possible avec les affûts de place. Seulement la forme du point d'appui postérieur et surtout le grand moment de stabilité de l'affût permettent de l'incliner d'une façon sensible en creusant une fosse dans laquelle glisse la crosse. Ce tir est prévu depuis longtemps par l'artillerie, et on en fait quelquefois l'essai dans les polygones.

Les pièces de 24 de place, qui au Château devaient tirer le plus loin, furent donc montées sur affûts de siége et on leur prépara des plates-formes à la prussienne en madriers, analogues à celles employées dans les polygones. Malheureusement le sol détrempé et argileux était très-peu convenable et surtout nos bois de très-mauvaise qualité, en sorte que les madriers de roues et de queue se brisaient au premier coup, même en les doublant et multipliant les gîtes.

Aucune plate-forme ne put résister à plus de deux ou trois coups, et quelquefois même avant que rien ne fût brisé, dès le premier recul, l'une ou l'autre roue, non suffisamment guidée, descendait dans la fosse et mettait la pièce, à cause de son poids si considérable, dans l'impossibilité d'être remontée et tirée avant plusieurs heures de travail.

Cet accident se produira même toujours infailliblement avec les plates-formes réglementaires en bois, lorsqu'on aura trop élargi la fosse dans la bonne intention d'augmenter le champ de tir, et qu'on se sera trouvé dans la nécessité de tirer dans une direction un peu oblique par rapport à l'axe de la plate-forme, ou seulement que les deux cales placées derrière les roues n'auront pas glissé également.

Il fallait donc absolument renoncer à ces plates-formes à la prussienne en bois.

J'essayai alors à la tour des Bourgeois (bastion 20), qui se trouvait sous mon commandement direct et qui possédait deux pièces de 24 de place appelées à surveiller la vallée de la Savoureuse jusqu'au Valdoie, et plus loin si faire se pouvait, j'essayai, dis-je, un système de plates-formes mi-partie en rails et en bois.

Les curseurs des roues étaient en rails de 4 mètres placés de champ, et avaient quatre rebords formés par quatre rails de même longueur relevés, dont le champignon inférieur se plaçait dans la gouttière des derniers rails de droite et de gauche des curseurs; le tout pris et encastré, en tête dans un gîte découpé à mi-bois à cet effet, et en queue par deux demi-gîtes pareils laissant entre eux un espace libre pour creuser la fosse qui devait s'étendre plus loin en arrière. D'autres gîtes placés de distance en distance soutenaient encore les curseurs.

Quant à la fosse, sa tête, sa queue, son fond étaient en bois, madriers et corps d'arbres équarris coupés à la largeur de la fosse.

Ce système valait déjà beaucoup mieux que le système tout en bois réglementaire, mais il était loin encore d'être parfait.

Les curseurs formés de rails que le gîte échancré de tête maintenait seul d'une manière à peu près invariable, se disloquaient rapidement en queue; les terres délayées et en boue qui se trouvaient en dessous filtraient, s'échappaient, faisaient gondoler et plier les madriers des joues, et rétrécissaient la largeur de la fosse, par suite le champ de tir. Puis la crosse marquait bientôt sa place dans le madrier du fond de la fosse, s'y arc-boutait, augmentait la fatigue de l'affût et n'en pouvait être délogée qu'à grand'peine pour un nouveau pointage.

J'essayai alors d'un système tout en rails, pour lequel je combinai les petits rails de 4 mètres et les grands rails de 6 mètres, me servant en même temps des traverses de chemin de fer toutes préparées et montées avec leurs deux coussinets de fonte.

Ce système réussit à merveille, et dès que je l'eus vu à l'œuvre, je l'adoptai pour toutes mes pièces servant aux longues portées.

Huit plates-formes furent faites sur ce modèle, deux au sommet du Cavalier à droite, deux au sommet du Cavalier à gauche, deux à l'enceinte supérieure (bastion 15), et enfin deux à la tour des Bourgeois (bastion 20).

Aucune n'a eu besoin de réparations, et d'ailleurs les réparations se feraient avec une facilité inouïe; on en jugera d'après la description que j'en donnerai tout à l'heure, et lorsque je dirai que j'ai pu en soulever plusieurs d'une seule pièce, sans rien démolir, glisser des terres dessous, et le tout en quelques minutes.

Cependant les unes furent faites en terrain rocailleux, d'autres sur de la terre détrempée, les unes par 18 degrés de froid et sur de la terre gelée, d'autres enfin sur de la boue délayée dans de l'eau chaude. Cette dernière opération dont je reparlerai plus tard, parce qu'elle se rattache à un travail considérable exécuté au bastion 15, fut nécessitée par la démolition d'une plate-forme existant sous blindage, qu'il fallut en plein mois de janvier dévier de 15 degrés, pour poursuivre l'ennemi, qui, par un déplacement de batterie, avait cru paralyser ces pièces blindées, qui lui faisaient beaucoup de mal.

Toutes ces plates-formes, encore une fois, ont fait un excellent service, ont résisté à tous les tirs, sans fatigue sensible pour l'affût, et une notamment, celle de Catherine [1], a supporté au moins 5,000 coups, tous tirés à la charge de $2^k,500$.

Voici le détail de cette construction dans l'ordre même à suivre pour son exécution.

Plates-formes en rails. (Système proposé au comité.)

Établir à 50 centimètres de l'épaulement sur le sol naturel et sensiblement plan, mais en cet endroit seulement, deux traverses du chemin de fer, armées de leurs coussinets de fonte : coussinets à encastrements pour rails de 6 mètres.

Les placer jointives de manière que l'axe de l'embrasure soit à égale distance des coussinets extérieurs, et par suite des coussinets intérieurs ;

---

1. Cette Catherine, dont le nom revient souvent dans l'*Histoire de la défense de Belfort*, était une simple pièce neuve de 24 de place, rayée ; l'ennemi s'acharna sur elle, lui lança plus de 60,000 projectiles et ne put la démonter.

Elle fut usée par son propre tir et remplacée par Catherine II, pièce de même nature.

Elle était sous un blindage dont il sera parlé au chapitre III.

Elle intrigua beaucoup l'ennemi et la population, et des historiens du siége de Belfort vont même jusqu'à écrire, encore actuellement, qu'elle était d'espèce et de nature toutes particulières et avait déjà joué un grand rôle à l'invasion de 1814-1815, sous le nom de Charlotte, ce qui ferait remonter bien loin l'invention des canons rayés.

(*Siége de Belfort*, page 108, chez Cherbuliez. Paris, 1871.)

la distance entre les deux coussinets de droite et aussi entre les deux coussinets de gauche sera la largeur qui sera donnée aux curseurs des roues. On conçoit que cette largeur variable peut varier aussi à volonté par la disposition même des deux traverses; elle doit seulement être un multiple de 4 centimètres, largeur d'un rail de 4 mètres placé de champ.

Établir à l'arrière à 5 mètres de distance, et sur un sol également à peu près plan en cet endroit, mais plus élevé que le sol de la tête de 15 à 20 centimètres, deux traverses également jointives, armées de mêmes coussinets et coupées symétriquement comme les premières par l'axe de l'embrasure.

La pente qui résultera de cette surélévation à la queue, sera utile pour diminuer le recul et faciliter la mise en batterie après chargement, mais elle n'est pas indispensable.

Placer ensuite parallèlement à l'axe de l'embrasure quatre rails de 6 mètres, dans la position naturelle qu'ils doivent occuper dans les coussinets couplés deux à deux, de tête en queue.

Cette opération faite, la plate-forme est tracée et presque terminée.

Ces grands rails seront les rebords directeurs des curseurs.

Avoir soin de ne pas fixer encore ces grands rails par leurs cales.

Placer en tête, et contre les traverses, une forte lambourde gîte ou pièce de bois grossièrement équarrie, au moins aussi longue que les traverses et dont le plan supérieur soit à 5 centimètres plus bas que celui des traverses. En placer une pareille à 50 centimètres plus loin, en allant vers la queue. En placer enfin trois ou cinq, également espacées, moins longues que les précédentes, mais ayant cependant autant de queue que le permettra le terrain avoisinant, et dont les têtes viendront affleurer juste la face externe des grands rails internes.

Ces lambourdes ou pièces de bois gîtes doivent former, par leurs faces supérieures, un plan ayant même inclinaison que les grands rails.

Damer fortement de la terre à ce niveau, dans l'espace compris entre les projections des grands rails pris deux à deux.

Placer sur ces gîtes des madriers ou de simples planches (5 centimètres d'épaisseur) couvrant l'espace situé entre les grands rails. Placer dessus des rails de 4 mètres jointifs et de champ, dont la tête doit reposer un peu sur les traverses, sauf les deux extrêmes qui sont un peu en retrait à cause des coussinets.

Le bord des champignons supérieurs des petits rails doit être alors, si l'on a bien opéré, à hauteur des gouttières des grands rails.

Intercaler dans les espaces cylindriques laissés entre les petits rails jointifs, de petits rondins de bois enfoncés aux extrémités, rondins taillés à la mesure de ces espaces et n'ayant d'autre but que d'empêcher les petits rails de chevaucher l'un sur l'autre dans le serrage que l'on produira tout à l'heure.

Caler fortement les grands rails dans leurs coussinets avec les cales ordinaires employées à cet effet dans les chemins de fer.

Faire glisser les deux traverses de tête et les deux traverses de queue, par de petits coups réguliers et symétriques frappés par quatre hommes armés de masses, aux extrémités de ces traverses, comme si l'on avait pour but de mettre leurs extrémités au même niveau.

Lorsqu'il y aura refus de glissement, par suite refus de serrage, fixer les traverses couplées deux à deux, par un simple clameau droit placé en croix, et fixer deux gros piquets aux extrémités de chacune de ces traverses.

Creuser alors une fosse arasant les deux grands rails intérieurs, commençant à 1m,50 de l'épaulement, et mesurant 4 mètres de long.

La profondeur est variable suivant le but qu'on veut obtenir, elle doit seulement être un multiple de 7 centimètres, hauteur d'un rail de 4 mètres de champ.

Pour certaines pièces, j'ai été jusqu'à 63 centimètres de profondeur; j'ai obtenu ainsi des portées de près de 6,000 mètres et j'ai dû, pour pointer, faire construire à cet effet des hausses de 1 mètre de haut.

J'en possède, du reste, une, que j'ai emportée comme souvenir en quittant la place.

Mais j'en reviens à la construction de la fosse de cette plate-forme en rails : Placer au fond trois ou cinq grosses pièces équarries formant gîte, et dessinant un plan ayant l'inclinaison des grands rails directeurs.

Étendre dessus des rails de 4 mètres jointifs et renversés sur leur plus grand flanc, ce qui trace des rainures qui, en cas de gelée, fourniront des points d'appui utiles aux leviers qui servent à mouvoir la crosse dans le pointage. Cette crosse, vu sa longueur, ne risque pas de se prendre dans ces rainures, puisqu'elle repose toujours au moins sur trois rails à la fois.

Les rails ainsi couchés doivent être répartis de telle sorte que les deux rails de droite et de gauche se trouvent directement à l'aplomb des grands rails directeurs.

Élever ensuite sur ces derniers rails, à plat, une pile de rails de champ, formant les joues de la fosse.

Avoir bien soin de tasser de la terre peu à peu, derrière chacun des rails des joues, au fur et à mesure qu'on les élève, en les maintenant en place et à leur distance deux à deux par des baguettes arc-boutées et provisoires.

Avant de placer les derniers rails qui doivent juste venir se placer sous les grands rails intérieurs, on les garnit adroitement d'un peu de terre pour qu'il n'y ait pas de vide sous les curseurs.

Écarter enfin les joues formées ainsi de rails superposés, en les forçant par deux billots ou trois, suivant leurs dimensions, taillés un peu plus longs que la largeur de la fosse, superposés, et placés en tête et en queue de la fosse.

Consolider tout le système par des piquets placés sur les flancs et en queue, puis damer de la terre tout autour, jusqu'à venir araser le bord supérieur des grands rails extérieurs et des traverses de queue.

La plate-forme est alors terminée.

Lorsque la plate-forme est sous blindage, on peut consolider les rails extérieurs en employant, au lieu de piquets, des pièces de bois s'arc-boutant contre les côtés de la cage.

Modification.

Lorsque cette plate-forme ne doit pas servir à un tir très-étendu, on peut, au lieu de donner à la fosse l'inclinaison des grands rails, lui donner une inclinaison qui vienne faire aboutir la queue des petits rails du fond jusqu'au niveau même des traverses de derrière.

Le recul de la pièce va ainsi en s'amortissant peu à peu jusqu'à être nul, quand l'extrémité de la crosse arrive sur ces traverses, où elle s'arrête et s'agrafe sans aucun effort ni choc. Pour remettre la pièce en batterie, il suffit alors de la soulever doucement à là queue et elle y redescend d'elle-même.

Dans la construction de cette plate-forme modifiée, comme je viens de le dire, les joues de la fosse sont faites avant le fond, on les fait reposer sur un gîte de tête et sur un gîte spécial de queue, on place les terres en plan incliné, puis les gîtes de la fosse qui doivent accuser l'inclinaison qu'on veut donner.

Avantages de ces plates-formes.

En outre de leur solidité, ces plates-formes ont encore un autre avantage, c'est que, le recul se faisant sans aucune espèce d'à-coup, le pointage n'est pour ainsi dire pas dérangé, et avec un heurtoir solide et bien fixe, il est presque immédiat.

Il est bien entendu que, dans le pointage avec fosse naturelle, les deux premiers servants doivent caler les roues en avant après le recul, et retirer les cales simplement pour la mise en batterie, opération sans danger, car il n'y a jamais choc, et le recul s'amortit toujours de lui-même.

Tel est le système de plate-forme que je propose à l'adoption du Comité de l'artillerie, en le priant de vouloir bien le faire étudier; je le propose avec confiance, parce que je l'ai expérimenté longtemps et surtout beaucoup à Belfort, que j'en ai été très-content et qu'il m'a rendu de grands services.

Peut-être m'abusé-je, comme le fait souvent tout homme qui croit avoir inventé quelque chose, aussi je me contente de demander qu'il soit mis à l'étude.

Ses qualités se résument en solidité éprouvée, emploi facile et même construction simple, car 6 hommes exercés peuvent construire pareille plate-forme de toutes pièces en 6 ou 8 heures.

S'il était adopté, il supprimerait ces immenses approvisionnements de bois que nous sommes obligés de faire dans nos places fortes, en pure perte souvent, car au bout de dix ans ces bois ne valent plus rien. Des rails, au contraire, il est bien inutile d'en faire provision, car les vieux sont pour cet usage aussi bons que les neufs, et autour de toutes nos places fortes, par le voisinage seul des lignes ferrées, on en trouvera toujours assez de disponibles.

Mais il est bien évident, encore une fois, que ces plates-formes à fosses deviennent tout à fait inutiles si l'on transforme notre artillerie de place, car, bien certainement, toute transformation aura pour but immédiat de créer un matériel puissant et tirant tout naturellement et sans travail particulier aux distances limites des pièces actuellement en service ou des pièces qu'on viendrait à inventer.

On est entré dans cette voie en adoptant l'affût et la pièce de 24 rayée de siége, et on y persévérera sans aucun doute.

Seulement, jusque-là, le système que je propose aura l'avantage d'étendre le tir de nos anciennes pièces ou de profiter de leur portée tout le temps qu'elles resteront encore en service; malheureusement, l'état actuel de nos finances fait craindre vivement que cette période de transition entre l'ancien système et un nouveau ne soit très-longue.

Du reste, même pour le 24 court, par exemple, il me semblerait bon d'admettre un système quelconque de plates-formes planes en rails, ou, si on veut, de plates-formes en bois verts équarris sur place au moment du besoin, ou mieux encore de plates-formes en fonte avec gouttières et plaques tournantes pour les changements de direction, en un mot, un système emprunté à l'industrie, aux chemins de fer. (Voir à ce sujet les quelques réflexions du dernier chapitre.)

Quoi qu'on adopte, je le redirai toujours, d'après l'expérience que j'en ai faite à Belfort, garder des madriers en magasin 10 et 20 ans me semble coûteux, abusif, inutile même, puisqu'au moment d'entrer en service ils ne valent plus rien.

Atelier improvisé pour le service du Château.

Toutes ces transformations, toutes les réparations de matériel, toutes les ferrures nécessaires aux affûts, aux casemates en bois et fer et aux blindages, furent faites à un atelier organisé sous un passage du Château, avec une forge de campagne. Les établis, les outils et les ouvriers furent fournis par la 1re batterie du 7e régiment d'artillerie, l'Arsenal accusant une mauvaise volonté par trop évidente à notre égard, depuis que nous étions passés sous le contrôle direct et immédiat du gouverneur.

Les réparations effectuées à ce petit atelier, qui fonctionnait souvent jour et nuit, furent parfois considérables.

Nous en tirâmes de grands châssis, des affûts, presque refaits de toutes pièces, et même des affûts de mortiers de 32 centimètres. La fonderie refaisait les flasques, et l'atelier de la batterie refaisait des boulons à simples rivures avec des mains-courantes et des entretoises avec du bois vert.

Nous eûmes même un jour à faire une chèvre à déclic avec les débris restant des deux seules existantes pour tout le service du Château. Un autre jour, on refit les chaînons des chaînes qui, sous un froid de 15 degrés, se brisèrent trois fois en une seule nuit, pour élever au sommet du Cavalier, à une hauteur de 8 mètres, une de ces pièces de 24 rayées situées à la gauche du Cavalier, qui, par leur tir au-dessus de la ville, rendirent plus tard de si bons services.

Un mot sur les manœuvres de force.

Puisque j'ai parlé de manœuvre de force, qu'il me soit permis de placer ici une question à ce sujet.

Ne serait-il pas temps de supprimer ou réduire ces mouvements de matériel du titre IV, et de les remplacer par quelques manœuvres simples et en petit nombre?

Ainsi, par exemple, les manœuvres par chantiers, lambourdes, etc., qui semblent devoir être simples par leur essence et par la nature même de leur matériel, sont, au contraire, très-compliquées dans la pratique, et je ne crois pas que personne ait eu à en faire usage dans la dernière guerre. D'autant que ce matériel si simple par essence et qui semblerait devoir permettre de se passer de machines, est, au contraire, très-compliqué par la diversité de ses pièces, dont les dimensions exactes sont loin d'être indifférentes. C'est à ce point qu'il ne se trouverait peut-être pas deux places en France qui en fussent pourvues en quantité suffisante.

D'ailleurs, comment sont constituées les batteries à pied, seules appelées ordinairement à s'en servir?

Je l'ai vu, pour ma part, en quittant Rennes, pour aller soit à Belfort, soit sous Paris. Dans les deux occasions que je cite, les vieux servants

4

rompus aux manœuvres de force ont été versés dans les batteries montées qui manquaient de servants, on nous a donné à la place quelques
jeunes gens sans instruction militaire, et, arrivés à destination, on
nous a quintuplés, là avec des mobiles de la Haute-Saône et du Rhône,
là avec des soldats pris dans l'infanterie de ligne.

Le service ne s'en faisait certainement pas plus mal; avec les mobiles, nous avons même eu l'avantage de pouvoir décupler notre nombre d'ouvriers. Seulement, à tous ces gens novices, il fallait de toute
nécessité ne demander que des manœuvres simples, tombant sous le
sens, et avec lesquelles leurs travaux en temps de paix peuvent souvent déjà les avoir familiarisés.

De ce nombre sont celles de la chèvre et du cric, ce sont aussi celles-
là seules que je voudrais voir conserver comme étude dans les régiments.

Je conserverais, bien entendu, aussi le triqueballe pour voitures de
transport, car ce n'est qu'un treuil comme celui de la chèvre, et la
chèvre de tranchée qui n'est qu'une application des manœuvres du
cric.

Seulement en ne conservant que la chèvre et le cric, j'en pourvoi-
rais bien plus généreusement les places fortes qu'on ne l'avait fait,
hélas! à l'égard de Belfort, où des journées entières se passaient en
démontage et transport des outils qu'on se prêtait l'un à l'autre.

Avec chèvre et cric, nous avons fait là-bas tous les mouvements de
matériel que nous avons eu besoin d'effectuer, et ils ont été souvent
nombreux, pénibles et compliqués.

Quant à nos mouvements sous casemates, nous les faisions ou avec
la chèvre en sortant dehors les pièces ou le matériel à manœuvrer, ou
plus souvent encore avec le cric en formant des supports latéraux avec
des planches superposées, ce qui nous donnait toujours des piliers autrement stables que ceux formés avec les chantiers réglementaires, et
surtout des piliers d'une descente plus naturelle, plus progressive, partant mieux comprise d'artilleurs improvisés.

Il me semblerait même bon de ne pas surcharger nos régiments de
ces batteries à pied, toujours démolies au moment du besoin, et de les
former en cadres simplement au moment d'une déclaration de guerre,
en appelant, pour constituer ces cadres, les officiers, sous-officiers, bri-

gadiers et artificiers de l'arme, que leur santé ou toute autre cause ne permettrait pas d'appeler au service plus actif des batteries montées.

Ces cadres rapidement constitués seraient renvoyés à destination, où on les compléterait en hommes suivant les besoins.

J'ai déjà dit qu'à Belfort nous avions ainsi reçu 160 mobiles qui nous avaient rendu les meilleurs services, parce que presque tous avaient un métier utilisable. Bien encadrés dans nos cadres venus de Rennes, ils se sont admirablement battus, tandis que leurs camarades, ceux de la Haute-Saône au moins, ne peuvent peut-être pas se rendre même justice. Les capitaines de la garde mobile ne s'étaient cependant pas, très-probablement, démunis de ce qu'ils avaient de meilleur dans leurs compagnies pour nous l'envoyer.

Notre approvisionnement en projectiles.

Un mot maintenant sur notre approvisionnement en projectiles et sur l'emploi que nous en avons fait.

Nous avions à Belfort une quantité considérable de projectiles pleins, une quantité très-raisonnable de bombes, quelques projectiles creux lisses et peu de projectiles rayés, relativement surtout aux nombres de pièces correspondant à ces divers éléments.

Ce qu'il y a de remarquable, soit dit en passant, c'est que les projectiles lisses existants provenaient en grande partie de ce qu'on y avait autrefois entassé sous Louis XIV, ce qui prouve qu'à cette époque on s'entendait largement à approvisionner les places.

Le plan de l'armement de la place mettait en batterie un grand nombre de pièces lisses, surtout de pièces de 16, conservant sur chantiers un certain nombre de pièces rayées de 24 de place et de 12 de place, c'est-à-dire de pièces à longue portée pour parer au remplacement sans doute des pièces brisées. Je crois cette dernière prévoyance assez généralement inutile, et pour nous à Belfort, nous avons bien eu des anses brisées, des guidons enlevés, des bouches égueulées, etc.; mais je ne crois pas que nous ayons jamais eu, par suite du tir ennemi, de grosse pièce mise complétement hors de service ou nécessitant pour sa réparation un travail de plus de 24 heures.

Qu'on ne dise pas maintenant qu'une pièce en batterie expose aussi son affût, car je répondrai que l'affût d'une pièce lisse vaut autant que celui d'une pièce rayée, puisque par de très-légères modifications on peut passer un affût d'une pièce à une autre. Du reste, le nombre des affûts d'une place doit toujours être au moins en principe double de celui des pièces afférentes, nombre qui sera toujours suffisant, si l'on a eu soin de s'établir un atelier réparant au jour le jour, avec tous les éléments, même grossiers, qu'on a toujours et partout sous la main.

Quoi qu'il en soit, nous supprimâmes pour le commencement de la lutte toutes nos pièces de 16 et nos autres pièces lisses autres que celles des flanquements de fossés, et nous les remplaçâmes toutes par des pièces rayées à longue portée.

Dès l'arrivée de l'ennemi nous entamâmes la lutte le plus loin qu'il nous fut possible sans perdre nos coups, et nous l'obligeâmes à commencer ainsi le siége véritable à 2,000 et 3,000 mètres plus loin qu'il ne le fit partout ailleurs. Le colonel Denfert disait à ce sujet avec assez de raison, ce me semble, que le temps par là gagné l'était d'autant mieux pour la place qu'à ces grandes distances le tir de l'ennemi était fort peu efficace, au moins contre notre matériel.

Ajoutons-y encore qu'ainsi éloigné l'ennemi était obligé d'appeler à lui de très-nombreux renforts pour continuer le siége, sous peine de se trouver partout en trop petit nombre; le pays était soulagé d'autant, et nous, nous vivions en attendant sur tous ces villages que nous occupions encore, et ménagions nos vivres.

Couvrir une trouée, un passage, servir de base solide d'opérations à une armée et appeler à soi le plus d'ennemis possible, n'est-ce pas là le rôle et le vrai rôle d'une place forte?

Dans cette lutte à grande distance il nous fallait malheureusement ménager nos projectiles rayés; aussi le gouverneur, se basant chaque jour sur le rapport de ce qui existait encore dans la place, faisait savoir aussi chaque jour ce dont on pouvait disposer pour le tir, ne visant ainsi que la lutte régulière et laissant la plus grande initiative pour les cas extraordinaires, comme attaque de vive force ou circulation de l'ennemi dans notre rayon d'action.

Ce maximum même de projectiles rayés à tirer dans le jour une fois réglé pour chaque poste, l'initiative était encore laissée à chaque commandant d'artillerie pour l'emploi qu'il croirait devoir en faire.

De quelle manière doit être conduit le tir d'une place.

Pour régler cette question, le gouverneur avait réuni en commission les officiers d'artillerie et leur avait fait soumettre la question suivante :

N'y aurait-il pas avantage à tirer sur une même embrasure ennemie par salves pour y envoyer beaucoup de projectiles en même temps, ou bien à faire converger tous les feux de la place sur une même région des batteries prussiennes pour éteindre successivement leurs feux ?

Il y fut répondu d'un avis unanime que :

1° Le tir par salves devait être rejeté à cause de la difficulté pratique de faire arriver tous les projectiles réellement ensemble, en sorte que le premier permet de se garer des autres qui sont par lui annoncés, et aussi parce que cette accumulation de projectiles tirés à un moment donné laisserait de trop longs intervalles de repos absolu à l'ennemi, intervalles sur lesquels il s'habituerait vite à compter.

Notre pénurie de projectiles ne nous permettait pas, en effet, de répondre par un tir continu au tir continu de l'ennemi.

2° Le tir concentré sur une même région devait être aussi rejeté, parce qu'un ennemi rusé aurait toute facilité de nous tromper, en cessant le feu dans cette partie de ses batteries, sans pour cela avoir subi aucun dégât, et le reprenant dès qu'on aurait disposé les pièces pour tirer sur une autre région; puis parce que le tir qui donne le plus d'entrain aux hommes est le tir de riposte directe aux pièces ennemies qui leur font le plus de mal; et enfin parce que, tous les points d'une place ne voyant pas également bien un point donné de la campagne, le tir d'une pièce peut souvent être plus juste et plus utile ailleurs que sur le point qui lui serait désigné.

La commission concluait donc à conserver le tir irrégulier des premiers jours, en le réglant quant à sa direction générale et à sa quotité, tout en laissant à chaque fort le soin de l'organiser, suivant le cas, par salves ou par concentration de quelques pièces sur une même embrasure.

En cas d'opération de la garnison au dehors, ou de sortie quelconque, sur un ordre du gouverneur toute l'artillerie de la place n'en devait pas être moins prête à l'appuyer de son mieux.

Le colonel Denfert donna des ordres conformes à cet avis et à cette opinion de la commission, et on ne vit pas à Belfort, comme les Prussiens disaient l'avoir vu ailleurs avec tant de plaisir, ce tir régulier et comme rhythmé qui laisse l'assiégeant si tranquille et donne comme les pulsations par lesquelles on peut compter les jours qui restent à une ville, aussi bien que les heures qui restent à un malade.

Jamais l'ennemi ne put savoir l'état vrai de notre approvisionnement restant, et son attaque si entreprenante et si folle sur les Perches fut due en partie certainement à ce que notre tir de projectiles lisses lui faisait espérer l'épuisement de nos projectiles rayés. Il ne devait certainement pas s'attendre, en tout cas, à l'épouvantable canonnade qui l'accueillit à la sortie de ses tranchées d'assaut.

Bien d'autres surprises du même genre lui étaient réservées encore si le siége eût continué jusqu'en mars, comme nous nous y attendions; car nous avions précieusement réservé pour cette dernière période, prévue par nous, 10,000 à 12,000 projectiles rayés.

Nous l'attendions surtout à l'époque où nous reçûmes l'ordre de sortir, nous l'attendions à la gare qui devait être alors son plus immédiat objectif avant de rien entreprendre sur la place elle-même; nous l'y attendions de pied ferme, car nous nous y étions formidablement retranchés sous le feu même, et toutes les mesures étaient prises pour que l'ennemi subît là un de ces échecs si désastreux qu'on leur doit quelquefois la levée des siéges même les plus avancés.

Après l'avoir tenu pendant deux longs mois à une grande distance de la place et avoir contrarié autant que faire se pouvait son établissement à 3,000 mètres et ses cheminements en avant, nous avions dès cette époque remonté sur affûts presque toutes nos pièces de 16, nos pièces lisses et nos mortiers. Avec ce matériel nous faisions jour et nuit un feu à volonté, qui, vu sa rapidité et le tir de quelques coups rayés par intervalles, gênait encore considérablement ses travaux et tenait au moins nos hommes réveillés, à leur poste, confiants et même gais.

Bombes en service à la batterie de mortiers du bastion 12.

C'est à cette époque aussi que se forma et se concentra au bastion 12 la grande batterie de mortiers dont j'ai déjà parlé dans le chapitre précédent.

J'ai déjà dit, en passant, que son matériel était en fort mauvais état et qu'il subit de grosses et fréquentes avaries. Nous avions peu ou point d'affûts de rechange; aussi pendant le travail des réparations, travail nécessairement fort long avec les moyens dont nous disposions, nous essayâmes du tir des mortiers sans affûts et simplement un peu enterrés à la queue et soulevés à la bouche; ce tir, qu'il ne faudrait pas, je crois, proscrire entièrement, ne nous donna cependant pas tous les résultats que nous en attendions et ne nous permit pas de nous passer entièrement des affûts.

Mais la question sur laquelle je veux ici m'étendre un peu plus longuement, parce qu'elle s'est présentée à nous sous une forme assez intéressante, est la question des projectiles.

La plus grande partie des bombes de 32 centimètres provenait, on le sait, de l'immense approvisionnement qu'on avait formé dans cette place de guerre sous Louis XIV; l'autre partie provenait d'une époque plus récente, de la fin des guerres du premier Empire, autant que j'ai pu le savoir par les états de l'arsenal.

Ces bombes étaient formées en immenses piles réparties dans les bastions et que nous confondîmes en une seule pile établie au bastion 12, près de la batterie de mortiers, sans distinguer au premier abord ces bombes d'origines différentes. Les abris à munitions répartis dans les bastions étaient peu sûrs, plusieurs avaient été enfoncés déjà du premier coup par les gros projectiles Krupp, comme cela eut lieu à l'épouvantable accident du bastion 11; aussi évitâmes-nous d'accumuler sous ces abris les bombes chargées; le chargement s'opérait sur place et au moment du besoin.

Dès le premier jour du tir, plusieurs bombes éclatèrent en l'air, et les éclats, projetés en avant, sans présenter de danger pour nous, menaçaient nos postes avancés. Plusieurs rapports furent même faits à ce sujet, et cependant il fallait, d'après les ordres mêmes du gouverneur, continuer ce tir quelque dangereux qu'il fût, car nous étions par trop pauvres pour renoncer à employer ces engins qui semblaient inquiéter passablement l'ennemi.

Le tir, suspendu un moment, fut repris; on redoubla de soins dans le chargement; les fusées qui semblaient un peu étroites furent renforcées avec du papier, puis avec du parchemin : encore même sifflement, même éclatement du projectile à raison de un ou deux coups sur trois.

En observant avec plus de soin, nous remarquâmes que nous avions en service deux genres de bombes de 32 centimètres, les unes en fonte à gros grain et à anses venues de coulée, les autres à mentonnets et à anneaux.

Les premières seules éclataient, et comme leur lumière semblait plus conique que celle des bombes de la deuxième série, je pouvais croire encore que l'éclatement provenait de ce que la fusée s'y adaptait plus difficilement, que l'obturation n'était par suite pas suffisante et qu'au départ il y avait inflammation de la charge intérieure.

Cependant j'étais frappé de ce qu'aucun éclat ne revenait en arrière, ce qui, vu le peu de vitesse de la bombe, aurait eu lieu infailliblement si l'éclatement fût provenu de la cause indiquée précédemment.

Quoi qu'il en soit, comme ces bombes à anses étaient beaucoup plus nombreuses que celles à anneau, je devais pousser jusqu'au bout l'expérience pour savoir s'il n'y avait aucun parti à en tirer.

J'essayai comme obturation du blanc de zinc, des feuilles de plomb, de l'étoupe enduite de beurre de fonte, et c'est le système d'obturation que je recommanderais par-dessus tous les autres, si l'on se trouvait jamais dans la nécessité d'en employer un ; j'obtenais une obturation hermétique, absolue, et j'avais encore des éclatements.

Alors je fis lancer comme dernière épreuve deux bombes vides, armées de leurs fusées et prises parmi les meilleures des bombes à anses ; encore rupture et projection d'éclats, soit à la charge de $5^k,460$, soit à celle de $3^k,120$.

Celle-ci était concluante, je crus inutile de la renouveler à d'autres charges, puisqu'elle ne pouvait se faire sans danger ; on mit de côté ou hors de service les bombes à anses, et on ne tira plus que des bombes à mentonnet.

Seulement je tenais à constater ici ce résultat, parce qu'il me semble qu'il est déterminant pour engager à faire au plus tôt disparaître de nos approvisionnements de places fortes les bombes dont je viens de parler.

Ce sont actuellement des non-valeurs qu'on pourrait peut-être utiliser en les refondant, mais en tout cas qu'il faut détruire de suite, parce qu'on pourrait quelquefois, comme cela nous est arrivé à nous, les compter en un moment pressant comme une réserve dernière, tandis qu'elles ne peuvent être qu'une source d'accidents sans profit.

Fonderie improvisée dans la place.

Pour terminer ce chapitre, disons un mot maintenant de la fonderie établie à la porte de France pour suppléer à notre pénurie de projectiles rayés.

Le prédécesseur du colonel Denfert, ne croyant pas au siége de Belfort, ou se faisant une fausse idée d'une défense de place, n'avait réclamé aucune augmentation de nos approvisionnements existants, il avait même éconduit le directeur des forges d'Audincourt qui offrait de nous fournir tout de suite un grand nombre de projectiles rayés, et de transporter sur la place de Belfort un matériel capable de fournir pendant tout le siége ce que nécessiterait le tir de la place [1].

Dès que le colonel Denfert fut investi du commandement de la place et eut à pourvoir à sa défense, son premier soin fut de réclamer partout et sous le plus bref délai des projectiles rayés de 12 et de 24.

Malheureusement il n'était plus temps, on ne put rien nous envoyer; nous fûmes bientôt bloqués, et il ne fallut plus compter que sur nos propres ressources.

Aussitôt on se mit à l'œuvre; on établit à l'entrée de la ville, adossée à un bâtiment militaire et approximativement abritée par lui, une baraque en briques et planches, destinée à servir d'usine pour fondre des projectiles rayés.

Un vieux cubilot, propriété privée d'un fondeur de la ville, y fut installé, et l'on créa aussitôt de toutes pièces des modèles, des arbres à noyau, des châssis, etc., tout enfin.

Cette fonderie fut mise sous la direction de M. Bornèque (de Beaucourt), ingénieur civil et capitaine du génie de la mobile. Le coke était fourni par la provision de houille existant à la gare et transformée en coke par M. Choulette, ingénieur des mines, qui avait établi un four à

---

1. Dès leur arrivée dans le pays, une des premières visites des Prussiens fut pour cette usine, où ils firent main basse sur tout, et dont ils se servirent pour la fabrication de leur immense approvisionnement, nous renvoyant ainsi la fonte que nous avions refusée.

cet effet, avec les briques qu'il avait pu trouver, briques assez peu réfractaires du reste.

Les premiers essais réussirent à merveille, et je me souviendrai toujours de la joie éprouvée par nous tous, lorsqu'on lança ce premier projectile créé à Belfort même.

• Malheureusement l'arsenal, on ne sait pourquoi, se montra dès le principe très-malveillant pour cette fabrication pourtant si urgente. La volonté bien arrêtée du gouverneur brisa cette opposition, qui fit alors place à une inertie presque aussi nuisible que l'opposition bien accusée.

J'ai dit que les premiers essais avaient été splendides; seulement comme la matière première était fournie par des coussinets de rails, par des morceaux de projectiles, des morceaux de flasques, etc., toutes fontes de nature et de composition diverses, les mélanges ne pouvaient que rarement être identiques, et il était par conséquent bien entendu, comme l'ordonnaient du reste les plus vulgaires précautions, que l'arsenal devait essayer un certain nombre de projectiles de chaque coulée nouvelle, avant son entrée en magasin, afin de pouvoir guider la fabrication, l'arrêter dès que quelque défaut se présenterait, lui permettre de se reprendre à nouveau, et ne pas l'exposer à continuer dans de mauvaises conditions.

Nature des projectiles que nous en recevions.

Ces soins si simples ne furent pas pris.

Des variations se produisirent dans les mélanges, et après les premiers projectiles en fonte douce et résistante, on fabriqua, sans s'en douter, des projectiles en fonte aigre et cassante. Ils ne supportèrent plus le forcement nécessaire au centrage, ils éclatèrent dans l'âme des pièces, en dégradèrent une, et il fallut les tirer simplement comme mitraille dans les pièces usées des forts avancés, ce qui ne remplissait plus le but qu'on s'était proposé.

On songea plus tard à les remplir de fonte et de plomb, et on les lança ainsi dans de très-bonnes conditions comme projectiles pleins à longue portée, emploi qui avait sur le précédent l'avantage de ne pas user notre provision de fusées qui tirait à sa fin.

L'arsenal triomphait, mais on lui retira l'essai de ces projectiles et on revint bien vite à la fabrication si bonne des premiers jours ; seulement tout le travail d'un mois fut en partie perdu et sur 5,000 projectiles sortis de la fonderie, 2,000 seulement avaient pu être ajoutés à notre provision régulière.

Si le siége eût continué, la fabrication qui, dans les derniers temps, s'élevait à 200 ou 280 par jour, eût fourni encore un précieux appoint à la défense.

Quoi qu'il en soit, l'essai avait réussi, nous avions tiré tout le parti possible de nos faibles ressources, et cet exemple peut servir encore à montrer ce que l'on peut tenter en pareil cas.

Système de moulage employé.

Le matériel ainsi fabriqué rapidement au moment même du besoin, presque sous le bombardement, présente un système de moulage pour projectiles rayés qui mérite d'être étudié d'un peu plus près. S'il est peut-être d'un emploi moins sûr que le moulage à trois châssis superposés, il est au moins plus commode, plus rapide, moins encombrant et en tout cas fort ingénieux.

Il ne nécessite que des moules d'une seule pièce, sans ajustage, et pourrait certainement trouver de nombreuses applications, sinon en temps de paix, au moins en temps de guerre.

Voici en peu de mots en quoi consistent et le matériel et le système de moulage qui y correspondait.

Le châssis se compose d'une simple caisse en bois frêtée, portant à la partie supérieure une traverse ou barrette porte-arbre à noyau.

Le modèle est d'une seule pièce avec poignée intérieure, et sur lui s'adapte un culot qu'on pourrait considérer à la rigueur comme une deuxième pièce.

La place des ailettes est marquée par des trous cylindriques percés dans l'épaisseur de la paroi du modèle et ayant juste comme diamètre la petite dimension de l'alvéole de l'ailette. Dans ces trous on engageait à frottement doux de petits manchons de bois, ayant 3 à 4 centimètres de longueur et débordant le modèle d'une égale quantité à l'intérieur et à l'extérieur.

Le modèle ainsi constitué, mis en place et centré dans le châssis, on moulait suivant les procédés réguliers de moulage, puis le châssis étant placé de manière que le modèle présentât en haut son intérieur, le culot étant ôté, on retirait successivement chacun des manchons de bois, puis le modèle lui-même que rien ne retenait plus au moule et qui, vu sa forme évasée et sans rentrants, glissait sans peine.

On formait ensuite à part et dans des moules faciles à concevoir, de petites baguettes en sable à mouler, ayant une queue pareille aux manchons de bois, d'une longueur un peu moindre que la moitié de ceux-ci, et une tête présentant en plein l'alvéole à ailette de nos projectiles rayés.

Ces baguettes, desséchées et noircies à part, étaient introduites dans chacun des trous laissés libres dans le moule de sable par les baguettes en bois. On les enfonçait jusqu'à refus, c'est-à-dire jusqu'à ce que les têtes vinssent s'appliquer contre les flancs du moule, ne laissant en saillie que le plein même des alvéoles.

La fabrication, la pose et le centrage du noyau, ainsi que le reste de l'opération, se faisaient suivant les procédés usuels de moulage, aussi je ne crois pas utile d'y insister, chacun pouvant sur ce sujet s'instruire dans les cours de l'École d'application ou dans des livres spéciaux traitant cette question si intéressante du moulage.

L'alésage s'opérait suivant les méthodes ordinaires, mais avec des outils et un appareil qu'il avait fallu créer à l'usine même. Quant à la pose des ailettes, on tenta de l'opérer à chaud, ce qui ne réussit pas très-bien et on en revint à la pose à froid qui donnait des ailettes plus homogènes et moins cassantes. Seulement comme nous n'avions pas de machine ni de matrice pour effectuer cette opération d'un seul coup, et comme, d'autre part, nous n'avions pas le temps de former des ouvriers habiles au martelage des flancs, force fut de les finir au burin et à la lime.

Du reste, la proportion des projectiles à rejeter pour défaut de calibrage n'atteignit même pas celle de la plupart des établissements métallurgiques où se fournit l'État.

Mitrailleuse construite à la fonderie.

Puisque je viens de parler assez longuement de la fonderie établie à Belfort, j'ajouterai que M. Bornèque construisit également à cet atelier une mitrailleuse de son invention. Il se servit à cet effet de canons d'anciens fusils à percussion enchâssés simplement dans deux plaques à leurs deux extrémités, et à l'arrière desquels était établie une culasse mobile.

Cette mitrailleuse se chargeait avec des cartouches de fusil tabatière, n'avait qu'une faible portée et ne pouvait par suite servir sur le champ de bataille, mais seulement à la défense de brèches au corps de place. L'ennemi n'ayant pu jamais nous pousser jusque-là, cette mitrailleuse resta sans usage.

Si j'en parle, c'est pour montrer à quelles entreprises nous avait conduits la volonté bien arrêtée de nous défendre jusqu'au bout, et aussi pour ne pas laisser dans un complet oubli l'ingénieux système inventé pour la culasse de cette mitrailleuse.

Le feu était mis par des marteaux à ressort, qui, glissant sur des plans inclinés et en excentrique, venaient successivement, par une simple rotation de la plaque de culasse, frapper des aiguilles mobiles qui se trouvaient aux points de chute des marteaux.

Cette mitrailleuse est du reste à l'arsenal de Grenoble, où je l'ai versée ainsi que tout le matériel de la batterie provisoire de campagne créée pendant le siége et qui se trouvait sous mon commandement depuis la maladie de M. Verchère; on pourrait donc l'étudier là-bas sur place, si on le jugeait à propos, et en tirer, je crois, profit, au moins en partie, sinon en totalité.

Fusées.

Tous les projectiles, ou à peu près tous les projectiles que nous avons tirés à Belfort, étaient armés de fusées percutantes modèle 1858-1859.

Leur système paraît à l'examen très-primitif, et j'avoue que pour ma part, cédant à l'engouement général, j'ai admiré la fusée Maucourant, lorsqu'elle a paru, et j'ai cru avec tout le monde que cette fusée ingénieuse, à tous égards, était appelée à remplacer entièrement l'ancienne fusée.

Je n'ai pas eu à faire usage de la fusée Maucourant, je laisse donc à d'autres plus compétents le devoir d'en parler et d'établir un parallèle entre les deux fusées françaises en service dans la dernière guerre.

Pour moi, mon rôle sera plus modeste, et je dirai seulement qu'après avoir fait usage de la fusée modèle 1858-1859, je la trouve bonne, sinon parfaite, au moins pour le service des places.

Nous n'avons pas eu un seul accident avec cette fusée, et cependant nous avions peu le temps et les moyens de prendre les précautions même réglementaires; et nous n'avons presque pas eu de ratés, soit en tirant sur des pierres, sur des terres dures, sur des terres molles, soit même en tirant sur des épaulements couverts de plusieurs pieds de neige.

Les Prussiens, au contraire, qui ont fait sous Belfort l'essai de quatre ou cinq systèmes différents de fusées percutantes, systèmes ingénieux comme étude, mais la plupart du temps compliqués, ont eu un nombre considérable de ratés, et surtout avec les fusées à bouton porte-amorce.

Seule la fusée fusante à cadran (inflammation par percussion au départ à l'aide d'une masselotte armée) me semble bien entendue; ils en armaient leurs obus à balles, et parvenaient au bout de très-peu de coups à régler leur éclatement d'une façon très-précise. Malgré tout, ces engins tant vantés à Strasbourg furent peu meurtriers à Belfort, car les hommes leur opposèrent bien vite de petits pare-éclats, défense naturelle et bien simple contre les éclatements en l'air. Mais sur un champ de bataille, en rase campagne, je crois que cette fusée si précise, qui permet l'éclatement du projectile à n'importe quel point désiré de sa course, serait très-bonne.

Si ces fusées fusantes prussiennes ont été peu dangereuses pour nous, que dire par exemple de nos fusées fusantes qui n'éclatent qu'en des points particuliers, à des distances connues, en dehors desquelles l'assiégeant est toujours libre de se placer, tandis que l'assiégé n'est jamais maître de l'y amener. Ce sont certainement des fusées peu à craindre dans un siège; aussi, pour éviter que les Prussiens ne vinssent à se moquer de nos feux, nous n'en fîmes pas usage.

Du reste, en règle générale, je ne crois pas le projectile lancé de plein fouet, armé d'une fusée fusante quelconque, dangereux pour un adversaire caché derrière un épaulement ou abrité derrière un mur, et cela pour la raison bien simple qu'un projectile qui éclate en l'air fournit une gerbe qui s'étale toujours en avant, vu la vitesse du projectile, et qu'alors eût-il rasé la crête de l'épaulement ou du mur, il n'atteindra pas l'ennemi collé derrière [1].

Ce n'est évidemment pas vrai d'une manière absolue, puisque seul le centre de gravité de la gerbe continue la trajectoire; mais c'est certainement vrai pratiquement. Quelquefois le culot tombe où le projectile a éclaté, mais rarement il revient en arrière.

Type proposé comme étude d'une nouvelle fusée. (Type unique.)

Je ne voudrais donc voir charger dans les pièces de place ou de siége que les projectiles suivants, et strictement pour les usages avec lesquels je les fais correspondre :

1° Obus ordinaires armés uniquement de fusées percutantes. Ils serviraient dans tous les cas, et pourraient répondre à tous les besoins.

2° Obus à balles. Uniquement destinés à tirer sur les colonnes ou convois passant à portée des batteries; ils seraient armés des fusées percutantes mixtes indiquées plus loin.

3° Boîtes à mitraille. On s'en servirait pour répondre aux attaques de vive force [2].

En outre des fusées percutantes ordinaires, il me semblerait utile d'avoir des fusées percutantes mixtes.

Ces fusées seraient des fusées ne s'enflammant qu'au choc à l'arrivée, identiques par conséquent aux fusées percutantes ordinaires; seulement au lieu de communiquer directement le feu à la charge des projectiles,

---

1. Un autre avantage encore de la fusée percutante, c'est de permettre avec moins de danger de tirer par-dessus une troupe qui manœuvre ou par-dessus les tirailleurs.

2. Ajoutons-y encore des projectiles éclairants et incendiaires, moins ridicules que les nôtres; cette nécessité se fait très-vivement sentir pendant un siége.

Ne pourrait-on, à cet effet, employer quelque chose d'analogue à nos fusées de guerre ?

elles le communiqueraient à un canal de pulvérin qui le transmettrait à la poudre intérieure.

Ce canal, qui pourrait n'être creusé dans un bouton qu'au moment du besoin, et qu'on visserait sur la fusée percutante unique de modèle, serait calculé de manière que le projectile avant son éclatement ait un relèvement de quelques mètres.

La pratique déterminerait la longueur la meilleure à lui donner.

Ces fusées mixtes serviraient à armer les obus à balles des pièces de siége ou de place; mais pourquoi ne serait-ce pas aussi la fusée unique de tous les projectiles servant aux pièces de campagne?

Je sais qu'on m'objectera qu'un projectile qui a touché le sol perd de sa vitesse, surtout avec un tir très-courbe; mais il s'agit de savoir si cette vitesse est absolument nécessaire pour que le projectile soit le plus meurtrier possible, et d'ailleurs on cherche de plus en plus à augmenter la tension des trajectoires, ce qui diminuerait l'inconvénient précité.

Je dis même que ce qu'on perdrait en vitesse on le gagnerait amplement en justesse, car on peut rectifier son tir d'après un projectile qui frappe le sol et éclate, tandis qu'on ne peut le rectifier sur un projectile qui éclate en l'air, sans que son éclatement ait été déterminé par un choc.

Quoi qu'il en soit, nos fusées fusantes à éclatements fixes et invariables sont mauvaises pour la guerre de siége, et je ne les crois pas bonnes pour le champ de bataille et pour le tir en rase campagne.

CHAPITRE III.

Des blindages.

J'ai l'intention, dans ce chapitre, de traiter de quelques blindages exécutés au Château par l'artillerie, en vue de masquer les maçonneries en danger, de préserver nos pièces ou de mettre nos hommes à l'abri.

De là trois types de blindages, qui seront étudiés successivement.

Je dirai pour chacun d'eux comment et pourquoi ils ont été établis, dans quelles conditions et sur quels emplacements ils ont été faits, comment et quand ils ont été attaqués, enfin comment ils ont résisté; car c'est là le point principal, le seul même qui donne à ces questions un véritable intérêt, parce qu'il sert, pour ainsi dire, comme de sanction à tout ce qui a été fait.

Il n'est pas besoin d'ajouter, parce que cela ressortira suffisamment des descriptions qui vont suivre, que ces blindages sont nouveaux, n'appartenant à aucun type connu et même employés comme principe nouveau de défense.

Blindages faits en vue de masquer les maçonneries en danger.

Nous avons déjà dit, dans le chapitre précédent, que la batterie sans contredit la plus importante de la place était la batterie établie dans les casemates du Château. Cette batterie était formidable, puisqu'elle était constituée par 10 grosses pièces de 24 de place rayées, tirant à travers des embrasures en pierre évasées de dehors en dedans. Cette batterie était, en outre, de première importance, puisqu'elle avait alors pour mission, non plus, comme autrefois, de battre les plateaux des Perches pour empêcher l'ennemi de s'y établir, mais encore et surtout de défendre nos petites redoutes en terre à peine terminées et d'en balayer les abords.

Grâce aux transformations faites aux affûts pour permettre le tir en avant des redoutes, la batterie, en tant que pièces, était très-forte pour l'attaque; malheureusement, par sa situation même, elle était très-faible pour la défensive.

En effet, les embrasures étaient percées dans le mur même du Cavalier, et ce mur n'avait pas une très-grande épaisseur. Puis, pour ne pas trop empiéter sur le terrain laissé pour former l'enceinte supérieure du Château, on n'avait rassemblé que fort peu de terres contre cette face, terres en pente allant rejoindre le sommet du mur où la maçonnerie n'avait plus rien pour la couvrir.

Les embrasures étaient, en outre, très-rapprochées, ce qui n'avait permis que d'élever de très-maigres merlons pour couvrir les pleins de la muraille existant entre les embrasures. Ces merlons, qui avaient la forme d'une pyramide triangulaire ayant une face verticale contre le mur, laissaient même complétement à découvert tout le cordon de maçonnerie qui se trouvait au-dessus des embrasures; c'est-à-dire précisément la partie la plus fragile, la plus délicate et la plus importante de la construction.

Les clefs de voûte ainsi apparentes et très en vue menaçaient de ne pas tenir 24 heures contre des coups tirés même avec des pièces de campagne par un ennemi établi aux Perches. Les clefs de voûte tombées, le tir des pièces devenait impossible, et cela cependant juste au moment où, l'ennemi descendant les Perches, ce tir eût été le plus nécessaire.

Ces maigres merlons non reliés entre eux et qu'on avait eu, en outre, la mauvaise idée d'établir avec de légers revêtements en gazon, pour présenter un coup d'œil plus net à l'inspection générale qui était annoncée, n'avaient aucune espèce de résistance contre les projectiles qui devaient les prendre par le flanc.

Un seul coup d'Essert, de Bavilliers ou de Danjoutin allait en renverser quatre ou cinq à la fois et boucher les embrasures d'un seul bloc éboulé.

Pour ma part, en visitant, le 8 août, cette place que j'étais à cette époque chargé d'armer en entier, puisque ma batterie avait été seule expédiée à Belfort, je fus frappé des dangers que cet état de choses faisait courir à l'artillerie du Cavalier, alors surtout que les ouvrages des

Perches n'étaient que commencés; seulement, comme la place n'était pas encore armée, il fallait parer au plus pressé et réserver pour plus tard tout travail de ce côté.

Dès que le colonel Crouzat, appelé au commandement de l'artillerie, eut organisé ce service d'une façon définitive, et m'eut appelé au commandement des batteries hautes du Château et de la tour des Bourgeois, je me mis à chercher le moyen le plus rapide d'y remédier autant que faire se pourrait, et je crois être arrivé à un système sinon parfait en tous points, du moins acceptable et pratique.

Mais je dois dire, avant tout, qu'on s'était déjà, pendant la paix, préoccupé de cette question; on avait songé à des plaques de blindage analogues à celles de la marine; un devis même, je crois, avait été préparé; mais comme la dépense se chiffrait par plusieurs millions, on avait dû y renoncer et la laisser pour des temps meilleurs.

La guerre nous surprit sans que rien eût été fait ou tenté sur ce chapitre, comme sur bien d'autres, hélas!

Nous pensions chaque jour être attaqués, et nous ne pouvions songer, par conséquent, à former même des plaques grossières avec les rails ou le fer que la voie ferrée nous offrait; il fallait ou ne rien faire ou utiliser au plus vite ce matériel et dans l'état même où il se présentait à nous.

D'ailleurs, je me souvenais d'avoir lu que les Anglais et les Américains, qui les premiers expérimentèrent les plaques de blindage utilisées comme secours pour la fortification, avaient écrit que le grand écueil de leur emploi, c'est qu'en cas de désorganisation on se trouve en présence de masses telles, qu'on ne peut pas les remuer avec les moyens naturels, et qu'il faut avec elles renoncer d'avance à toute réparation, par suite se voir pour tout un siége deux ou trois pièces peut-être paralysées. Et, pour ma part, après ce que j'ai vu à Belfort, je ne sais pas si un système en grosses masses eût mieux résisté que le mien, et si d'une manière absolue un système de blindage, moins résistant peut-être, mais constitué avec des éléments simples, indépendants, relativement légers et facilement remis en place, ne vaut pas mieux qu'un système un peu plus solide, mais formé de masses énormes.

Quoi qu'il en soit, à cette époque, commencement de septembre, je songeai simplement à faire contre ces murs un mélange de bois et de rails libres, combinés pour amortir le choc des projectiles ennemis, et le répartir sur toute une face, au lieu de laisser opérer son effet destructeur en un seul point.

Confraternité de l'artillerie et du génie pendant le siége.

Le colonel Crouzat m'avait laissé entièrement maître d'essayer tout ce que je voudrais; j'avais parlé de mon projet, un peu plus étudié, au commandant Denfert, alors chef du génie, et en qui, dès cette époque, nous avions tous pleine confiance. Il l'approuva, m'encouragea au moins à essayer quelque chose, et me permit, en tout cas, d'user immédiatement de toutes les ressources dont disposait déjà le génie, en outils, voitures et autre matériel dont manquait entièrement l'artillerie. C'est, du reste, il faut bien le dire, à cette confraternité qui a régné à tous les degrés de la hiérarchie et pendant tout le temps du siége entre l'artillerie et le génie, que nous avons dû, nous artilleurs, de pouvoir essayer et tenter tout ce qui nous semblait utile à la défense, après que le gouverneur, si large en ces questions, l'avait approuvé.

Sauver Belfort, chacun dans la limite de nos moyens, était notre unique souci à tous, et je ne crois pas que dans tout ce siége une seule de ces questions, si petites et si mesquines, de rivalité d'armes se soit élevée entre nous.

Transport des rails et bois.

Ainsi pour ces blindages que j'avais en vue il me fallait des rails pris à la gare, c'est-à-dire à 3 kilomètres du Château et à 100 mètres plus bas. Le génie disposait de quelques voitures de réquisition; elles furent toutes mises à ma disposition, payées par lui, et elles me fournirent immédiatement 2,000 rails de 6 mètres de long et pesant 210 kilogrammes chaçun.

Plus tard les voitures firent défaut, il fallait encore des rails pour les abris blindés des pièces, pour les plates-formes et pour une foule d'autres travaux; alors les hommes allèrent eux-mêmes, quelquefois sous le feu de l'ennemi, les arracher sur la voie et les montèrent sur leurs épaules jusqu'au haut du Château. On faisait jusqu'à cinq ou six voyages en 24 heures.

4,000 ou 5,000 rails furent ainsi apportés. Quant aux bois, se chiffrant par un nombre total de 2,000 pièces au moins, de 25 centimètres d'équarrissage et quelquefois de 40 et 50 centimètres, ils furent tous coupés par les hommes de la batterie dans les bois des Perches ou des Fourches-sur-Merveaux, pour être ensuite conduits au Château.

On allait les chercher dès la pointe du jour avec le fusil sur l'épaule; car ce travail, qui continua jusqu'à la prise de Pérouse (janvier), se faisait souvent en vue de l'ennemi. On charriait le fardeau sur des avant-trains démontés; puis, au pied de la rampe, 50 ou 60 hommes venaient s'atteler en renfort aux cordes, et tout le monde chantant, la masse finissait par arriver péniblement en haut.

L'emploi qu'on fit de tout cet approvisionnement de gros bois ressortira de la suite de ce livre; qu'il suffise de dire ici qu'on en usa largement pour les travaux jusqu'à la fin du siége; les débris servirent à alimenter presque tous les feux du Château, et, à notre départ de la place, il restait encore une pleine cave de chênes et de gros bois superbes.

On trouvera peut-être que je m'étends un peu longuement sur tous ces détails : c'est qu'il me semble qu'ils ont leur importance; il me semble que ceux qui les liront seront heureux d'apprendre ce que faisaient ces hommes enrôlés d'hier pour préparer la lutte, et il me semble surtout que leur exemple pourra servir à d'autres.

Mais pour l'étude toute particulière qui m'occupe en ce moment, je dois me borner à dire qu'un choix fut fait dans tous ces bois; les pièces de 25 centimètres d'équarrissage furent mises à part, sciées sur une longueur de $2^m,50$, taillées en biseau dans le haut, et équarries sur quatre faces par une section de sept charpentiers recrutés dans la batterie et commandés par le plus intelligent d'entre eux, promu brigadier.

Description sommaire du blindage du mur du Cavalier.

Voici maintenant la description sommaire de ce blindage établi en avant du Cavalier par les hommes du maréchal des logis Huyghes, aidés plus tard de ceux du maréchal des logis Zeller.

Un fossé de 50 centimètres de large environ était creusé en avant des embrasures prises deux à deux, et sur une profondeur suffisante pour arriver à mettre à nu tout le parement extérieur de la maçonnerie correspondant à ces deux embrasures ; cette profondeur était de 1^m,50 environ et s'arrêtait à un petit ressaut du mur.

On ne travaillait qu'à deux embrasures à la fois pour n'en pas rendre un plus grand nombre indisponibles en même temps, car vu le peu d'espace dont nous disposions sur ce penchant du Cavalier, il avait fallu faire rentrer toutes les terres de ce fossé provisoire dans l'intérieur même de la casemate.

Cette largeur de deux embrasures représentait à peu près 18 à 20 mètres, c'est-à-dire toujours au moins deux longueurs de rails de 6 mètres. Ces rails pèsent 210 kilogrammes environ, et mesurent comme section 12 centimètres d'un champignon à l'autre et 4 à 5 centimètres dans l'autre dimension.

Dans ce fossé et en partant de 5 mètres environ de l'aplomb de l'axe de l'embrasure, furent placées debout, contre la maçonnerie et s'appuyant au ressaut du mur, les pièces de bois équarries à 25 centimètres dont j'ai parlé plus haut. Nous partions de 5 mètres et non de 3 mètres seulement (moitié d'un rail de 6 mètres), car les premiers rails eussent bien été tout le temps à l'appui des bois; mais les rails supérieurs formant l'embrasure et formés des deux moitiés d'un rail de 6 mètres coupé en deux, ayant par suite de leur écartement même une queue plus longue que les premiers, eussent été en porte-à-faux par rapport aux bois, si ceux-ci n'avaient garni que 3 mètres à droite et à gauche de l'embrasure.

Ces bois debout, d'une longueur de 3^m,50, étaient jointifs, et leurs têtes taillées en biseau, pour ne pas faire un ressaut de bois contre la maçonnerie du mur à couvrir, affleuraient contre le couronnement de ce même mur.

En arrivant aux montants en pierre de l'embrasure, ces pièces de bois, conservées de toute longueur, ne s'arrêtaient pas, mais mangeaient un peu de la trop grande largeur laissée par la pierre à cette ouverture; ces pièces étaient alors sans mur d'appui en leur milieu, mais je ne voyais pas moyen de faire autrement; du reste, aucune n'a été brisée dans les dix embrasures.

Les deux montants de bois qui formaient les nouvelles naissances des joues ainsi rétrécies, n'allaient pas jusqu'en haut de la maçonnerie comme les autres, mais seulement jusqu'à ras de la clef de voûte, qui marquait la hauteur d'où devait partir le masque que je me proposais d'établir par la suite, au-dessus de l'embrasure même. Ces deux montants étaient taillés en biseau à 45 degrés juste et placés, non plus le sifflet contre le mur, mais dans un plan perpendiculaire, et sur ces biseaux s'appuyait un chapeau taillé de même manière à ses deux extrémités et relié aux montants par de simples clameaux.

Sur ce chapeau reposaient des bouts de bois équarris et taillés en sifflet absolument comme les têtes des bois de toute longueur, et enfin l'espace compris toujours entre les deux mêmes montants, mais à partir de leurs pieds, était garni par des bois toujours à même équarrissage, reposant l'un sur l'autre, et venant affleurer le sol de l'embrasure qui était déterminé par la pierre formant seuil.

Ainsi, voilà toute la face du mur couverte par un matelas de bois vert très-résistant, dont les fibres sont verticales, en sorte qu'un choc en un point serait déjà réparti sur toute une hauteur de mur.

Contre ce matelas furent alors placés les rails de 6 mètres qui formaient pour ainsi dire fibres perpendiculaires aux premières, puisque les rails étaient en croix sur les bois. Ils partaient du fond du fossé, étaient couchés sur toute leur longueur, superposés l'un à l'autre, le milieu sur l'axe de l'embrasure et présentant alternativement en avant le petit et le gros champignon, pour former une assise ayant de la stabilité par elle-même. Entre ces rails et dans les gouttières on étendait de la terre argileuse, pour que la pile fît mieux corps et fût encore plus en équilibre.

Les rails s'empilaient ainsi tout naturellement l'un sur l'autre et entiers jusqu'au sol de l'embrasure, mais les rails suivants étaient coupés en deux par le milieu et placés en pile à la suite sur les autres, de façon seulement que leurs bouts coupés vinssent affleurer presque les montants de bois qui délimitaient la largeur des embrasures. On continuait de placer de même manière les rails coupés jusqu'au chapeau des montants de joues, où reprenaient alors avec le dispositif déjà indiqué les rails de toute longueur qui ne s'arrêtaient que lorsque la pile atteignait le sommet des bois.

Dès maintenant, théoriquement au moins, un choc produit en un point quelconque de la façade du Cavalier serait réparti par le rail sur toutes les pièces de bois qui, à leur tour, le répartiraient sur tout le mur.

Mais pour consolider encore ce système, de nouvelles pièces de bois équarries, présentant à peu près mêmes dimensions que les premières, étaient dressées en avant de ces rails; ces pièces de bois étaient jointives pour les premières en partant des joues de l'embrasure, puis laissaient entre elles des espaces dégarnis, pour celles qui appuyaient les queues des rails et étaient destinées à être enfouies dans les merlons.

Ce dispositif n'avait évidemment d'autre but que d'économiser un peu le bois.

La matelassure et garniture du mur étant ainsi terminée, on comblait ce qui restait à combler dans le fossé et l'on ramenait les terres à leur place.

Masques en avant des embrasures.

Mais restait toujours la faiblesse inhérente à la maigreur des merlons isolés et très en vue; puis la partie la plus importante du blindage, c'est-à-dire celle couvrant les clefs de voûte, restait toujours sans matelas de terre pour recevoir le premier choc, et enfin les embrasures en tant qu'ouvertures restaient encore très-exposées et très-peu couvertes.

J'établis alors, pour parer à tout cela, ou l'essayer au moins, un ciel de rails, bois et terre qui, partant de l'aplomb même du mur blindé, s'avançait horizontalement au-dessus de l'embrasure jusqu'à $1^m,50$ ou 2 mètres en avant, et de telle façon qu'en disposant de toute la portée possible de nos pièces, notre projectile vînt dans sa course araser juste l'extrémité antérieure de ce ciel. De cette manière, le projectile ennemi, plus vertical à son point de chute que le nôtre à son départ, ne pouvait, pas même en rasant juste ce même bord, entrer directement dans la casemate; au pis-aller ses éclats seuls étaient à craindre.

Ce dispositif fut pleinement justifié par les résultats du tir ennemi.

Je vais donc entrer dans quelques détails sur l'établissement de ces auvents, qui faisaient assez ressembler ces embrasures de casemate à des sabords de navire.

Je vais indiquer comment ils furent établis avant l'ouverture du feu de l'ennemi, et j'indiquerai ensuite les modifications qu'il fallut y introduire après que certaines parties eurent été détruites.

Avant tout les embrasures furent refaites. On abattit les arêtes tranchantes qui promettaient de si bien figurer à une inspection générale, mais qui par un soleil oblique accusaient des lignes d'ombres trop tranchées, visibles même à 2 ou 3 kilomètres de la place et pouvaient faciliter si bien le pointage de l'ennemi.

On releva les fonds d'embrasure qui descendaient en pente vers le pied même des glacis, et on les remplaça par des embrasures à contre-pente allant se prolonger aux plateaux des Perches, contre-pentes qui furent conservées jusqu'à la prise de nos redoutes hautes. Enfin les revêtements en gazon qui, à la première pluie, s'étaient décollés et écroulés là comme partout ailleurs, furent remplacés par des revêtements en forts gabions d'un clayonnage très-serré, piquetés et maintenus en place isolément et indépendamment l'un de l'autre, afin de pouvoir indépendamment aussi être remplacés en cas d'avaries.

Description des masques.

Ces urgentes réparations terminées, on procéda à l'établissement des masques.

A cet effet, de larges fossés furent creusés perpendiculairement à la maçonnerie et dans l'axe même des merlons. Deux lignes de gros pilots en bois jointifs y furent établis avec un large chapeau en planche reliant toutes leurs têtes. Le niveau supérieur de ces chapeaux dépassait sensiblement la tête des gabions, afin que rien ne portât sur les revêtements et qu'ils pussent être réparés sans trop grand travail.

Ces pilots couronnés devaient supporter le ciel du masque.

Ce ciel était en rails de 6 mètres, placés cette fois le petit champignon toujours en l'air, et se terminait à l'avant, d'abord par deux rails à plat superposés, puis par un rail également à plat formant éperon.

Il fut ensuite couvert d'une légère couche de fumier pour empêcher les terres de filtrer à travers, puis de gros rondins de bois jointifs et enfin d'une épaisse couche de terres inclinées à la pente naturelle et venant rejoindre les terres qui formaient la terrasse supérieure du Cavalier, au-dessus du couronnement de la maçonnerie.

Pour que cette couche de terre fût plus considérable, un rebord de rails en escalier, c'est-à-dire champignon dans gouttière, fut établi à l'avant du masque.

Enfin pour donner encore plus de résistance à l'éperon et maintenir les terres sous une pente plus raide que la pente naturelle, de grands rails à plat, s'engageant par une de leurs extrémités dans l'escalier de l'avant déjà indiqué et allant en long dans le sens de la pente du talus extérieur, furent établis jointifs d'un arc de merlon à l'autre.

De gros piquets, établis sur les flancs de cette couverture en rails, empêchaient le renversement produit par les coups venant d'une direction oblique, et tout le système était noyé dans la masse des terres accumulées tout autour.

Tel était l'appareil complet chargé d'une part de préserver la maçonnerie du Cavalier, et d'autre part de masquer les embrasures et par suite les pièces des casemates.

Ce travail était entièrement terminé, lorsque l'ennemi ouvrait son feu contre la place.

Efficacité de ces travaux.

Les masques résistèrent assez bien aux coups plongeants venant d'Essert et de Bavilliers, mais ils résistèrent mal aux coups directs et normaux du Bosmont et des Perches. Dès que les grosses pièces Krupp eurent ouvert leur feu, je vis tout de suite que le rail n'a aucune espèce de résistance lorsqu'il reçoit le choc directement et sans intermédiaire.

Les grands rails, qui formaient la couverture la plus extérieure, furent rapidement coupés suivant la prédiction du colonel Denfert, et les morceaux lancés un jour jusqu'en ville par-dessus la caserne, ce qui fit dire au *Journal de Belfort* que les Prussiens avaient à leur service une mitraille terrible, dans laquelle entraient jusqu'à des morceaux de rails longs de plusieurs pieds.

Certains éperons formant le devant du masque furent même brisés et soulevés.

Quant au blindage du mur lui-même, il ne souffrit aucune atteinte et résista très-bien; seulement à la longue, si l'on avait laissé se désorganiser les merlons sans les réparer, le blindage eût fini certainement par souffrir à son tour.

Mais cette première expérience nous avait en même temps appris que, si l'effet produit par le choc direct du projectile sur le rail est désastreux, le rail en revanche résiste très-bien lorsqu'il ne reçoit le choc que de seconde main et par transmission du bois. Les masques furent donc réparés dans cet ordre d'idées.

Le ciel, l'éperon et l'escalier en rails furent refaits sur l'ancien modèle; mais en avant de l'éperon et de l'escalier fut établie une grosse pièce de chêne vert ayant 50 à 60 centimètres de diamètre, maintenue en place par son propre poids, et reposant par ses deux extrémités sur les bouts des merlons. Puis, à la place des grands rails de la couverture, on mit des rondins de bois n'ayant que 3 mètres de longueur et dont les bords en sifflet s'engageaient encore en dessous de l'escalier.

Avec ces modifications nouvelles, les masques résistèrent suffisamment bien; seulement il fallait avoir soin de remplacer les rondins de bois enlevés et de changer, tous les trois ou quatre jours, la grosse pièce du devant, lorsqu'elle était par trop déchiquetée. Quelquefois même elle était jetée en bas d'un seul bloc, et il fallait aller la rechercher dans l'enceinte supérieure pour la remettre en place pendant la nuit, alors que le tir de l'ennemi se ralentissait un peu ou perdait au moins de sa variété.

Nous pouvons même dire à ce propos, d'une manière générale, que la justesse des pièces prussiennes constituait souvent pour nous une cause de calme relatif la nuit, en ce sens que les coups qu'elles nous lançaient étaient très-peu variés. Ainsi telle pièce avait-elle envoyé son dernier projectile de jour en un point particulier de nos enceintes, on pouvait aller travailler à côté même presque en sécurité, tous les projectiles de la même pièce venaient à peu de chose près jusqu'au lendemain matin frapper au même endroit.

Ceci doit tenir très-probablement à ce qu'après avoir tiré, les pièces prussiennes, par un système particulier de plates-formes, redescendent sans doute à la même place ; et que par suite du peu de flexibilité du caractère allemand, il ne leur venait pas à l'esprit d'opérer des variations régulières dans leur tir de nuit, pour nous inquiéter un peu partout.

Avec nos pièces, nos plates-formes et notre système primitif de repères pour le tir de nuit, les variations artificielles de tir sont inutiles ; car elles sont largement remplacées par des variations naturelles, qui se produisent toujours malgré le pointeur.

Blindages établis pour protéger des pièces. Cages en bois et fer.

La place de Belfort, nous l'avons dit dans le premier chapitre, ne craint rien ni au nord, ni à l'ouest, ni au sud, mais seulement à l'est et au sud-est, et c'est en vue d'une attaque venant de ce côté que sont disposés presque tous ses feux. Ceux du Château notamment ont tous comme objectif la ligne des hauteurs des Perches, et cette position centrale si importante par son attitude, si formidablement armée dans cette direction, n'avait autrefois aucun feu pour répondre à une attaque de flanc.

C'est qu'en effet, et on ne saurait trop revenir là-dessus, à l'époque où fut construit le Château, le peu de portée des pièces d'artillerie ne permettait pas les attaques de flanc. Si l'on assiégeait une place par l'est, on cheminait de l'est à l'ouest sous la protection de batteries établies dans la même orientation. Or, à Belfort par exemple, l'attaque de l'est obligeant à cheminer à travers la vallée de la Savoureuse pour arriver à la place, étant par cela même impossible, aucune batterie n'avait autrefois intérêt à s'établir à Essert, ce qui eût en outre exigé une portée inconnue alors à l'artillerie.

Cependant dans ces derniers temps tout à fait, et à la demande expresse du commandant du génie de la place, Denfert, on avait consenti à accepter l'établissement d'une pièce de 24 au sommet du Cavalier pour répondre à des feux qui viendraient d'Essert, direction qu'on commençait déjà à considérer comme possible.

Plus tard, on accorda aussi dans le même ordre d'idées les deux pièces de 24 du bastion 15, tirant par-dessus la ville en avant des Barres et vers Cravanches.

Trois pièces, c'était tout ce que le Château pouvait offrir dans cette direction d'Essert au Mont, que l'on annonçait maintenant comme la direction presque certaine et de l'attaque et du bombardement!

Trois pièces, c'était bien peu pour soutenir la lutte contre cette artillerie prussienne que les arrivants de Strasbourg nous dépeignaient déjà comme si terrible, et cependant on ne les pouvait sensiblement augmenter au Château, la disposition des lieux s'y refusait et l'espace manquait absolument.

Restait alors à fortifier ces trois pièces de telle façon qu'elles fussent à peu près hors d'atteinte et qu'on pût compter sur elles pour toute la durée du siége, si faire se pouvait.

Belfort, nous disaient ceux qui avaient subi le siége de Strasbourg, Belfort avec ses murailles toutes en vue, son peu d'étendue, n'était «qu'une fortification de carton qui ne tiendrait pas 48 heures». Puis, nous n'avions seulement pas une seule pièce de 24 court; que voulions-nous donc faire contre la grosse artillerie si puissante et si admirable de nos ennemis? Leurs fusées éclataient *sur un brin d'herbe*, on avait vu des épaulements *rasés en entier,* un sac à terre *17 fois renouvelé et 17 fois enlevé* en un rien de temps.

Après ce tableau peu rassurant et qu'il fallait bien croire en attendant le contrôle, je songeai à cacher mes pièces les plus importantes sous des charpentes en bois, que je voulais recouvrir ensuite de rails et de terre.

Le blindage du Cavalier étant terminé, je pouvais de suite m'occuper de ce nouveau travail, et j'en parlai au colonel Denfert, depuis peu gouverneur. Il l'approuva, vint au Château pour voir les pièces les plus utiles à cacher ainsi, et désigna tout de suite les trois pièces dont j'ai parlé tout à l'heure.

Il m'invita à opérer quelques changements dans la direction des pièces du bastion 15, me permit de puiser, non plus seulement dans les ressources du génie, mais dans toutes celles de la place, m'autorisa à réquisitionner de nouveaux rails, à employer pour la charpente de mes cages de magnifiques bois de sapin, de 60 à 70 centimètres d'équarrissage, que j'avais trouvés sans emploi sur la rampe du Château, et mit enfin à ma disposition les trois charpentiers civils qui venaient de terminer les blindages de la caserne de l'Espérance. C'était un bien précieux renfort; car ces charpentiers étaient habiles ouvriers, pourvus d'instruments spéciaux et familiarisés avec les assemblages des bois, travaux trop géométriques pour être bien compris des charpentiers improvisés dans ma batterie.

Nous étions à la fin d'octobre, nous attendions chaque jour l'arrivée des Prussiens, car chaque jour on annonçait la capitulation de Metz; le temps pressait, aussi j'employai tous les hommes des maréchaux des logis Huyghes, Papavoine (tué) et Bonnel (tué) à faire la double cage établie au-dessus des pièces du bastion 15, car c'est par elle que nous commençâmes.

Blindage du bastion 15.

Les deux pièces qu'il s'agissait de couvrir, étaient deux pièces de 24 de place. Elles étaient primitivement parallèles et tiraient à barbette au-dessus d'un épaulement en ligne droite dans la direction de Cravanches. Cette direction, suffisamment battue par les feux des Barres, perdait de son importance, tandis que nous redoutions beaucoup un bombardement partant du Mont à gauche et du Valdoie, dans la vallée de la Savoureuse, à droite. Ces points étant assez éloignés, je remplaçai les affûts de place sur lesquels étaient montées ces pièces, par deux affûts de siége établis sur plates-formes en rails, avec fosses, système indiqué au chapitre II. J'avais en même temps par ce changement l'avantage d'abaisser mes pièces et par suite la cage que je voulais établir au-dessus.

Pour obtenir les deux nouvelles directions que je cherchais, je remplaçai l'épaulement en ligne droite par un épaulement brisé avec angle saillant, et comme cet épaulement n'avait pas beaucoup d'épaisseur, je lui fis, pour le fortifier, un revêtement tout en arbres debout, enfoncés droit en terre et devant s'appuyer en haut contre le tirant antérieur de la charpente que j'allais faire construire. Deux embrasures à contre-pentes, avec joues en gabions, furent percées dans les épaulements pour correspondre aux deux pièces; mais je reviendrai sur ces embrasures plus tard, pour discuter leurs ouvertures qui avaient été critiquées comme trop larges et trop dangereuses, avant que je n'eusse établi les masques.

J'en arrive tout de suite à la description des charpentes et des blindages.

Naturellement chaque intérieur de cage devait être rectangulaire, pour la facilité du service de la pièce, et d'autre part chaque cage devait être indépendante, pour permettre de se mettre à l'abri de l'une dans l'autre, et surtout éviter une portée trop considérable pour les tirants que l'on n'aurait pu charger suffisamment s'ils avaient dû aller d'une seule longueur de la face gauche d'une cage à la face droite de l'autre.

Description du blindage.

Sur le sol je fis établir deux cadres formés chacun de 4 pièces assemblées à mi-bois, reliées à angle droit par des clameaux et placées carrément contre les deux talus intérieurs verticaux, c'est-à-dire de manière que les grands côtés fussent parallèles respectivement aux directrices correspondantes.

Ces cadres ou semelles avaient 6 mètres de long sur 5 de large; ils ne se rejoignaient pas à la queue, mais laissaient entre eux un espace pentagonal qui avait environ 1 mètre de sortie sur 2 mètres de tête et fut, comme je le dirai plus tard, utilisé comme abri.

Ces semelles ne purent être enfouies en terre parce qu'en cet endroit du bastion 15, le sol est formé par la voûte et la grille même d'éclairage de la grande montée du Château.

Des montants droits en sapin de même équarrissage, 60 à 70 centimètres, armés d'un tenon à leurs deux extrémités et allant en progression ascendante de la tête à la queue, partant de $2^m,50$ pour arriver à 3 mètres, reposaient sur les deux semelles des côtés.

Les montants de la semelle gauche de la pièce de gauche et ceux de la semelle droite de la pièce de droite étaient jointifs, et leurs tenons s'engageaient dans une rainure ou mortaise continue occupant le milieu de la semelle. Cette disposition était obligatoire pour empêcher le glissement, et d'autre part, la mortaise était continue parce que les tenons furent pris sur toute l'épaisseur du montant pour en augmenter la force.

Les montants, au contraire, des deux semelles intérieures, par rapport à la cage double, n'étaient pas établis jointifs, par économie de bois: aussi les semelles correspondantes avaient des mortaises séparées. Entre ces montants distants de 1 mètre environ, on avait mis des arcs-boutants en croix de Saint-André.

Un assemblage à tenon et mortaise paraîtra peut-être faible pour un pareil travail et dans des pièces de sapin, si l'on perd de vue que cet assemblage n'avait aucune fatigue et que, quant à la poussée des terres que l'on devait mettre sur le flanc, elle était amplement équilibrée par la résistance au glissement d'une bille sciée à neuf, reposant sur une semelle et chargée d'un poids aussi formidable que devait l'être celui de la toiture.

J'avais dû renoncer d'ailleurs à l'assemblage à mi-bois, car avant tout il était d'absolue nécessité de n'affaiblir les chapeaux supérieurs que le moins possible, et l'on verra même par la suite que cet assemblage à tenon et mortaise, qu'on m'avait critiqué à première vue, évita au contraire un très-grave effondrement qui sans lui se serait produit au dégel du 26 novembre.

Les quatre lignes des montants étaient coiffées par quatre chapeaux en sapin toujours de même équarrissage, creusés de mêmes mortaises que les quatre semelles correspondantes, c'est-à-dire deux mortaises continues avec chapeaux extrêmes et des mortaises isolées pour les autres.

Ces chapeaux avaient une queue assez longue qui s'enterrait assez avant dans l'épaisseur du merlon pour donner de la stabilité au système, et ils allaient en pente de l'avant à l'arrière, comme les têtes des piliers qu'ils coiffaient, afin de prolonger la plongée sans laisser d'arête vive et aussi pour répondre à la pente des plates-formes en rails qui se trouvaient au-dessous.

Au-dessus de ces chapeaux et dans une direction perpendiculaire étaient placés quatre grands tirants tout d'une venue, toujours de même équarrissage, ayant quatre embrèvements au cinquième pour accrocher, relier et maintenir en place les quatre chapeaux. Entre ces tirants et pour former comme un plancher continu, étaient placés d'autres tirants de même force, mais faute de longs bois, faits de deux parties assemblées à mi-bois et reliées par un clameau.

C'est contre le bord du premier tirant en avant que s'appuyaient les têtes des gros rondins, qui formaient le revêtement du talus intérieur de l'épaulement en dedans des cages. L'embrasure était ménagée par des rondins moins hauts s'appuyant, eux aussi, à un rondin placé à hauteur de genouillère, en avant de ceux formant l'entrée de l'embrasure. Tous les raccordements se faisaient à mi-bois.

Au-dessus de ce plancher de poutres à peu près jointives, furent placés des rails de 6 mètres, champignons en l'air, ce qui représentait 12 centimètres d'épaisseur, rails jointifs et disposés perpendiculairement aux tirants, c'est-à-dire parallèlement aux axes des cages, ou mieux aux directrices.

Les premiers rails placés l'étaient en partant des bords extérieurs à droite et à gauche de la double cage, sans s'inquiéter du milieu. Ils ne pouvaient se renverser en bas de la toiture, parce qu'ils étaient maintenus en place, chacun par 6 gros rondins de bois placés debout contre les montants, dépassant d'un pied à peu près la hauteur des tirants et destinés à être enfouis plus tard dans les terres des côtés et du dessus.

En plaçant ainsi les rails jointifs, parallèles aux directrices et affleurant par leur queue la queue des cages, c'est-à-dire le dernier tirant de l'arrière, on arrivait, après avoir recouvert deux vastes espaces rectangulaires, à placer deux rails se rejoignant en queue et laissant dégarni un espace quadrangulaire, ayant deux grands côtés et deux petits.

On le recouvrait par des rails coupés [1], à longueur voulue et placés en forme de V, emboîtés et ouverts à l'avant.

Le toit une fois formé présentait la forme d'un hexagone sensiblement régulier, dont un sommet serait conservé comme saillant ou éperon et dont le sommet opposé serait retroussé en angle rentrant.

Sur ces rails on étala 1 mètre de fumier pour faire un matelas élastique, et par-dessus 2 mètres de terre.

En avant, perpendiculairement aux directrices des embrasures, on avait placé des rails en escalier, se joignant au centre de figure deux à

---

1. Les rails coupés dont je parle ici, et ceux dont j'ai parlé dans la première partie de ce chapitre, s'obtenaient sur place. Les ouvriers en fer de la batterie, avec des tranches à froid trempées assez sec, faisaient au marteau une trace ou ciselure tout autour du rail, au point où l'on voulait opérer la rupture, en ayant soin d'entamer en presque totalité d'épaisseur la partie aciérée; puis, laissant tomber le rail en porte-à-faux sur un autre placé en croix, la rupture s'opérait au point marqué.

deux, pour former un éperon. Cet escalier, analogue à ceux déjà décrits dans la première partie de ce chapitre, reposait par sa base sur les têtes des chapeaux enfouies dans l'épaulement, et montait à 3 mètres de haut en s'appuyant au fumier et à la terre. Sur toute l'étendue ne couvrant pas directement l'embrasure, il était caché par les terres amoncelées sur les merlons.

Enfin au-dessus de la dernière couche de terre, se trouvaient de petits rails de 4 mètres à plat et jointifs.

Plus tard, et comme aux masques des embrasures du Cavalier, on fortifia l'éperon en avant, par deux grosses pièces de bois superposées, reliées par des clameaux, et dont les extrémités étaient prises dans les terres des merlons qu'il fallut dégeler à l'eau chaude et qui refirent corps bien vite après. En même temps les petits rails de 4 mètres de la toiture supérieure furent remplacés par des rondins de bois jointifs.

On utilisa ensuite l'espace pentagonal existant entre les deux cages pour y faire un abri aux hommes, en clouant de grosses planches entre les montants espacés, tout en laissant une ouverture à l'avant, permettant d'aller d'une pièce à l'autre sans sortir du blindage. Ajoutons encore que des contre-fiches allant d'une semelle à un chapeau opposé, et se croisant, avaient aussi été établies dans cet intervalle pour assurer la stabilité du système contre un renversement général à droite ou à gauche.

Mais il restait encore à protéger les côtés et le derrière de ces cages.

Pour le derrière on mit des rails inclinés distants de 30 centimètres, sur lesquels on appuya des planches de 5 centimètres d'épaisseur jointives et laissant au centre une ouverture d'un mètre, pour permettre la circulation.

Ce masque de derrière ne résista pas aux coups qui venaient de Danjoutin, et il fallut le remplacer plus tard par une double couche de rondins inclinés et mis à la place des rails.

Pour le côté droit qui regardait l'intérieur du vallon (camp retranché permanent), et n'était que fort peu exposé aux projectiles, il suffit de renverser contre lui, en le rapprochant, le retour de l'épaulement du bastion 15, qui le couvrait à droite.

Pour le côté gauche plus en vue (qui aurait osé le prédire avant le

siége?), on y accumula 3 mètres de terres soutenues par un revêtement en tonneaux, également remplis de terre. Ce revêtement en tonneaux ou chapes de poudre, qui a l'air très-frêle en apparence, est
très-bon lorsqu'on le fait pour l'hiver et par un grand froid, si l'on
a soin de remplir les tonneaux de terres brisées et additionnées d'eau;
le tout fait corps bientôt, et résiste admirablement aux projectiles qui
glissent dessus en n'enlevant que les planches extérieures du tonneau
et respectant la masse.

Résistance opposée par les flancs de la cage.

Ce côté très-exposé aux coups d'Essert et de Bavilliers résista très-
bien même aux projectiles de 32 kilogrammes avec son simple matelas
de 3 mètres de terre, mais les gros projectiles Krupp le traversèrent,
et nous eûmes un jour deux montants brisés. Il fallut porter ce matelas
à 6 mètres d'épaisseur.

Les gros projectiles Krupp arrivaient très-nombreux au bastion 15,
parce que c'est là que se trouvait le grand magasin à poudre du Château,
dont la situation était très-bien connue de l'ennemi par les plans pris
à Strasbourg. Heureusement qu'il était assez bien garanti, car on avait
au-dessus établi comme une réserve de terre qui constituait sur la face
exposée presque 4 mètres d'épaisseur.

Néanmoins les projectiles Krupp pénétraient quelquefois jusqu'à
3 mètres, et un jour deux obus, arrivant à la suite presque à la même
place, disloquèrent la voûte même d'éclairage qui règne autour de ce
magasin et dans laquelle, comme je le dirai au chapitre IV, nous avions
été obligés de transporter notre salle de chargement.

Toutes les nuits cependant, nous faisions jusqu'à des corvées de
50 hommes qui n'avaient d'autre emploi que de boucher et de remplir
les trous faits au Cavalier, notamment ceux faits dans les terres de
cette poudrière.

Je terminerai en notant que, pour l'écoulement des eaux qui à ce
bastion n'avaient plus leur cours naturel par les caniveaux de la grille
du souterrain, on avait coupé une large tranchée à travers tout l'épaulement du bastion du côté de la ville. Au niveau du sol on y avait
établi une caisse remplie de pierres pour filtrer les eaux, et plus haut

à hauteur d'appui une caisse permettant d'observer à couvert la grande batterie d'Essert.

Blindage du sommet du Cavalier (extrémité sud).

La pièce à couvrir au Cavalier, la fameuse *Catherine* comme on l'appela bientôt dans la place, était située, nous l'avons dit, derrière le retour que forme l'épaulement du Cavalier, pour aller ensuite rejoindre, à l'aide d'un grand mur de 3 mètres d'épaisseur, le coin gauche de la caserne en regardant la ville, et former ainsi la cour du côté de l'ouest.

La face du Cavalier de ce côté est le flanc même des casemates, elle mesure environ 6 à 8 mètres de haut ainsi que le mur qui s'y raccorde. Cet ensemble est continué jusqu'au niveau de la Savoureuse ou plutôt jusqu'à niveau de la ville par le rocher à pic sur lequel est bâti le Château, et dont le pied est entouré par la batterie 54 et les établissements de l'arsenal.

Magnifique cible de 30 à 40 mètres de haut, directement perpendiculaire à la direction d'Essert à Belfort, et sur laquelle ne se détachait, hélas! qu'une seule bouche de canon!

On arrive au sommet du Cavalier par deux escaliers en pierre placés aux deux extrémités de la cour. L'un, à gauche pour un observateur qui regardant les Perches aurait Essert à sa droite, était destiné à promptement disparaître sous les coups plongeants venant des batteries prussiennes établies en avant de ce village. L'autre, situé à droite, longe le mur qui raccorde le Cavalier et le Château jusqu'à moitié de sa hauteur, se retourne par un palier de repos, et reprend ensuite par une deuxième rampe parallèle à la première et abritée par le flanc du Cavalier, pour venir aboutir au niveau de la plate-forme où se trouvaient les pièces de la batterie supérieure.

Cette plate-forme, limitée en avant et sur les flancs par un épaulement peu épais malheureusement, l'est en arrière par une rampe ou balustrade en fer.

Ce deuxième escalier, bien abrité par son mur, devait durer autant que lui, c'est-à-dire jusqu'à la fin du siège; seulement son parcours était dangereux, car l'ennemi, tirant sans discontinuer sur *Catherine* et sur l'immense cible qu'il avait devant lui et qu'il avait si grand intérêt à détruire, arrivait constamment à renverser quelques moellons des assises supérieures de ce grand mur, et en jetait les débris sur l'escalier.

Comme le service de la pièce se faisait nécessairement par là, nous étions obligés jour et nuit d'y maintenir une corvée uniquement occupée à le déblayer.

La pièce dont nous nous occupons actuellement, était une pièce de 24 de place montée sur affût de siège, avec plate-forme en rails et fosse de 63 centimètres, afin de se ménager un tir possible jusqu'à Châlonvillars.

Elle tirait à travers une embrasure dont les joues étaient revêtues de gabions, qui plus tard, après des avaries trop multipliées, furent remplacés par des billes de bois de 70 à 80 centimètres de diamètre, sciées à la longueur d'un gabion et tout simplement posées l'une contre l'autre, puis soudées à la glace.

L'espace qu'il s'agissait de recouvrir ressort, je pense, suffisamment de la description que je viens de faire de ce coin de la fortification, pour que l'on voie bien, par cette situation même, de quelle importance il était de masquer cette pièce et quelles difficultés se présentaient dans l'exécution.

Je n'eus fini la carcasse des cages du bastion 15 qu'à la fin d'octobre, et ne pus disposer des charpentiers qu'au commencement de novembre, en sorte que cet abri entamé à l'arrivée des Prussiens fut fait en leur présence, et ne put être entièrement terminé que dans les premiers jours du bombardement.

La description de ce blindage étant à peu de chose près semblable à celle des blindages du bastion 15, je glisserai rapidement sur les détails.

Description du blindage.

Il avait 5 mètres sur 6 mètres environ, et se composait d'un cadre rectangulaire ayant ces dimensions mêmes, cadre appuyé à l'épaulement faisant face à Essert et à celui faisant face aux Perches, laissant par conséquent un passage de 2 mètres environ entre la rampe et lui.

Sur la semelle de gauche, par rapport à la directrice, étaient dressés des montants espacés et reliés par des jambes de force, et sur la semelle de droite des montants jointifs.

A l'avant, au point où venait aboutir la deuxième rampe de l'escalier, était ménagée, entre les montants de cette face, une porte de 60 centimètres de large. Les montants s'assemblaient toujours dans leurs semelles et dans leurs chapeaux à tenons et mortaises et allaient encore pour ce blindage en grandissant de la tête à la queue de 2^m,50 à 2^m,75.

Les montants étaient coiffés de deux chapeaux en même bois avec têtes prolongées et noyées dans l'épaulement en avant. Sur ces chapeaux étaient placés en croix des tirants presque jointifs assemblés avec les chapeaux par embrèvement au cinquième; ils arasaient presque le chapeau de droite par leur extrémité de ce côté, et se prolongeaient à gauche par des queues noyées dans l'épaulement qui se trouvait à gauche.

Au-dessus des tirants et perpendiculairement à eux, c'est-à-dire dans le sens même de la directrice, furent placés des rails de 6 mètres jointifs et champignons en l'air. Par dessus on étala un mètre de fumier et 2^m,50 de terres qu'il fallut monter à bras dans des caisses-civières faites sur place et pour cet usage.

Quant aux rails employés au sommet du Cavalier, 1,000 environ, ils y furent montés à la chèvre, car les escaliers ne permettaient pas de tourner avec de si longs et si lourds fardeaux.

En avant et sur le flanc gauche furent également établies deux garnitures en rails disposés en escalier; et au-dessus comme toiture furent établis d'autres rails de 6 mètres à plat.

Cette dernière couverture ne souffrit pas trop et put résister jusqu'à la fin du siége, moyennant quelques réparations, sans qu'il fût besoin de la remplacer par des rondins comme au bastion 15. Mais l'escalier en rails de la face antérieure dut être refait dès la première semaine du tir ennemi, et protégé par trois gros corps d'arbres superposés, couchés contre le revêtement en escalier, reliés simplement à leurs extrémités par des clameaux et noyés dans les terres rapportées sur les merlons pour toute la portion ne correspondant pas à l'embrasure même. Ils firent bon usage, mais le tir était tel sur cette face, qu'il fallait les renouveler tous les deux ou trois jours, et ce n'était pas mince travail.

L'épaulement regardant Essert étant assez épais relativement à l'autre, nous avions cru suffisant de lui donner comme revêtement à l'intérieur de la cage, des montants espacés contre lesquels s'appuyaient à l'extérieur de grosses planches de chêne de 8 centimètres d'épaisseur : je dirai plus tard ce.qui en advint.

L'arrière de la cage était fermé par une triple couche de gros rondins, souvent atteints par les projectiles qui, manquant le blindage, venaient éclater contre un abri à munitions placé peu en arrière et perpendiculaire à l'épaulement regardant les Perches.

Masque établi sur le flanc de ce blindage.

Pour cette cage enfin, il était de la plus haute importance de masquer le flanc droit formé de montants jointifs, comme nous l'avons dit, et très-exposé aux coups plongeants venant d'Essert et passant par-dessus le mur, trop peu haut malheureusement, qui fermait ce côté de la cour aux vues du dehors.

J'avais songé à le garantir par des caisses de fusils Snider remplies de terre, mais on aurait ainsi fermé la circulation de la plate-forme du Cavalier, au cas très-prévu où l'escalier de l'autre extrémité de la cour serait brisé.

Il fallait donc laisser le passage entre la rampe et le flanc droit, et cependant couvrir les montants de ce flanc.

On le fit à l'aide d'arbres de 3 à 4 mètres de long inclinés contre ce flanc, buttant par leurs pieds contre un autre arbre couché par terre et appuyé à la balustrade en fer, puis reposant par leur autre extrémité contre le haut de la cage qu'elle dépassait un peu pour empêcher le rail extrême de droite de tomber en bas de la toiture : rôle rempli au bastion 15, on s'en souvient, par des arbres debout.

Sur ces arbres inclinés furent alors placés d'autres arbres fendus par le milieu, couchés à plat horizontalement, et maintenus en place par une simple attache en fil de fer.

Dès qu'une de ces moitiés d'arbres était enlevée par un projectile, on la remplaçait facilement, puisque les autres n'avaient pu glisser, maintenues qu'elles étaient par leurs extrémités.

Ce travail, sur lequel il fallait avoir constamment l'œil, était à renouveler deux et trois fois par jour, par suite du prodigieux acharnement que l'ennemi mettait dans son tir de ce côté. Le passage était ainsi conservé, mais transformé en passage couvert dont la section représenterait un triangle.

Cette cage, une fois terminée, présentait une grande stabilité, cependant on y introduisit encore un perfectionnement qui était devenu nécessaire pour les cages du bastion 15 et dont il est utile de parler.

Accident au dégel (fin novembre).

Nous avons vu que ces cages du bastion 15 étaient garanties sur leurs flancs extrêmes par une grande quantité de terres rapportées s'appuyant contre les montants jointifs.

Ces montants étaient suffisamment solides et chargés pour résister aux terres gelées qu'on avait accumulées contre eux, elles résistaient, suivant le terme adopté par le colonel Denfert dans sa *Théorie de la poussée des terres* (Paris, imprimerie Claye, 1870), elles résistaient à la poussée statique.

Du reste, lorsqu'on construit un mur de soutènement, qu'on en calcule les dimensions, on ne s'inquiète que de cette poussée. C'est un tort: aussi voit-on beaucoup de murs de dimensions très-exactement calculées résister un certain temps, puis un beau jour céder. C'est qu'en outre de cette poussée il en existe une autre, en effet, qu'on peut appeler poussée au travail dynamique, contre laquelle les surépaisseurs de mur ne suffisent souvent pas, mais qu'on peut vaincre par d'autres moyens pour l'étude desquels je ne puis mieux faire que de renvoyer à la brochure publiée par le colonel lui-même sur cet intéressant sujet.

Ce fut un effet analogue qui se produisit ici : les montants résistèrent bien aux terres en équilibre ou plutôt en place, qui n'étaient animées d'aucun mouvement; mais au dégel du 26 novembre, il y eut glissement des éléments l'un sur l'autre, poussée dynamique, et je m'aperçus fort heureusement à temps que mes piliers ne devaient pas résister longtemps. Ils ne pouvaient glisser ni par en haut ni par en bas à cause de leurs tenons, aussi tendaient-ils à prendre un mouvement de rotation autour des tenons inférieurs, et à casser ces tenons dans l'intérieur même de leurs mortaises. Les chapeaux pivotaient, eux aussi, autour de leurs arêtes inférieures externes, et une fois les tenons du haut cassés, les montants allaient se coucher en dedans et tout mettre pour longtemps hors de service.

Je fis faire immédiatement de forts et longs clameaux à pointes ouvertes, c'est-à-dire allant en s'évasant. On en cloua plusieurs en même temps qui, prenant le chapeau par en haut et s'attachant plus bas aux montants, eurent bien vite remis le tout en place.

Mais pour parer plus sûrement au renouvellement de pareil travail de poussée, je fis faire des étriers à angle droit avec bras de force rivé sur chaque lame, et on en mit six de chaque côté du blindage en les vissant à l'intérieur par de grosses vis à tête carrée.

Pareil renfort fut mis par excès de précautions au blindage de Catherine, et les alternatives de dégel et de gelée ne nous menacèrent plus nulle part d'aucun accident par la suite.

Résistance des cages.

Disons maintenant comment ces blindages résistèrent aux coups de l'ennemi.

Après les quelques changements et perfectionnements introduits aux cages primitives du bastion 15, et que nous avons indiqués dans la description même que nous en avons faite, nous y fûmes complétement à l'abri de tous les projectiles que l'ennemi y lança dans les premiers temps du siége: projectiles de 8 kilogrammes, de 24 kilogrammes, de 32 kilogrammes, aucun ne put sérieusement entamer les blindages, et ils n'y firent que des avaries facilement réparables.

Il en fut autrement des projectiles Krupp de 82 kilogrammes. Tous ceux qui, passant par-dessus le cavalier du Château, arrivaient dans leur course descendante sur la toiture du blindage, la perçaient d'outre en outre comme à l'emporte-pièce, c'est-à-dire sans qu'il y eût une dislocation trop considérable de tout le système. Le trou était presque net, et les gros tirants de sapin coupés franchement en deux endroits.

Nous eûmes deux accidents de ce genre, mais le blindage avait même encore ces deux fois rendu bon service, car la pièce et l'affût ne furent que très-peu atteints. On remit des piliers pour soutenir les bouts des tirants, on boucha les trous et nous n'arrêtâmes pas notre feu.

Le blindage du Cavalier (extrémité sud) résista, lui aussi, très-bien aux projectiles de 8 kilogrammes, 24 kilogrammes et 32 kilogrammes, quel que fût cependant l'acharnement que l'ennemi montrât dans son attaque de ce côté.

Nous n'estimons pas, en effet, à moins de 60,000 le nombre de projectiles que l'ennemi lança contre la seule Catherine.

Elle ne fut jamais atteinte que par des éclats, aucun homme ne fut grièvement blessé en la servant, et lorsqu'elle disparut pour faire place à Catherine II, c'est qu'usée par son propre tir de 4,000 coups environ, elle n'avait plus aucune justesse.

Un jour cependant, le 19 décembre, trois gros projectiles vinrent se loger dans la joue droite de l'embrasure sans éclater; un quatrième survenant au même endroit fait éclater le tout, disloque le masque, renverse le mur qui formait retour et soutenait le merlon droit, et brise le revêtement intérieur que nous n'avions fait qu'en fortes planches, comme je l'ai déjà dit.

La nuit on refit le masque, on releva le merlon et les terres, et on remplaça le revêtement en planches par un revêtement en gros rondins de bois comme les revêtements du bastion 15.

Le lendemain, au matin, la pièce reprenait son feu.

Catherine II (autre pièce de 24 de place) vécut longtemps aussi, mais fut cependant moins heureuse que sa devancière. L'ennemi, ayant rapproché ses batteries et les ayant portées d'Essert à Bavilliers, put, par un tir très-tendu, loger plusieurs projectiles dans les joues et en entrer même jusque dans la cage du blindage, mais ils ne firent que des dégâts facilement réparables. La pièce reçut cependant un jour un projectile en plein sur la bouche; elle fut égueulée, et on dut passer une nuit entière à limer ses bavures qui empêchaient d'introduire les projectiles.

Elle eut en outre deux affûts brisés sous elle, qu'il fallut remplacer au plus vite; travail considérable, car pour monter un affût là-haut et l'introduire sous le blindage, il fallait le démonter presque entièrement.

Fin de Catherine.

Enfin, il fallut bien un jour renoncer à la servir, car elle n'avait plus d'épaulement. Les coups que l'ennemi tirait depuis deux mois pour la démonter avaient démoli le mur de flanc du Cavalier à une profondeur de près de 2 mètres. Sous l'action de la gelée, les terres de l'épaulement s'étaient maintenues en bloc et en surplomb au-dessus du rocher qui formait le pied du mur démoli; mais au dégel ces terres se désagrégèrent et descendirent dans la batterie 54, à 35 mètres plus bas. L'épaulement tombant, il fallut renoncer à servir la pièce, on lui ôta ses roues, on descendit l'affût sur sa plate-forme, ce qui mettait la pièce à peu près à l'abri, et on la réserva pour repousser les attaques de vive force des Barres et de Belle-Vue, s'il s'en présentait. A la moindre alerte, on remontait rapidement les roues avec un cric et on reprenait le feu tout le temps que besoin en était.

Quant aux projectiles Krupp, ils firent peu de mal à ce blindage, parce que, se trouvant au point le plus élevé de la fortification, il ne recevait jamais ces projectiles dans leur course descendante, alors qu'ils sont le plus dangereux et le plus écrasants.

Inconvénients des cages.

Mais après avoir si longuement parlé des blindages établis pour couvrir les pièces et avoir fait ressortir leurs avantages et leur utilité, il est nécessaire de dire aussi les inconvénients qu'ils comportent.

Le premier ou peut-être même le seul bien réel qu'ils présentent, c'est d'assujettir la pièce à tirer dans une direction de laquelle elle ne peut plus dévier qu'à grand'peine.

Un simple exemple.

Nous en eûmes à Belfort un exemple assez saillant.

La hauteur du Mont, qui domine la place et en est trop éloignée pour qu'on ait pu avec profit songer à y établir un ouvrage de fortification passagère, était regardée comme très-dangereuse pour la place. Nous l'occupions avec quelques troupes baraquées; mais comme nous ne pouvions avec nos canons leur prêter un appui bien sérieux en battant le terrain en avant, il était évident que l'ennemi arriverait très-vite à nous en chasser et à s'y établir.

Avant l'arrivée des Prussiens, on disait même très-ouvertement que c'était de là qu'ils bombarderaient probablement la ville.

Aussi, dans le but d'avoir quelques feux sur ce point et d'y inquiéter le plus possible leur établissement éventuel, j'ai dit qu'avant l'investissement et lorsqu'il fut question du blindage des pièces du bastion 15, le colonel Denfert m'avait invité à diriger la pièce de gauche de ce bastion dans cette direction. C'est en conformité de cet ordre que fut établie la cage de cette pièce, et c'est pour cela qu'elle n'était pas parallèle à l'autre, dont la directrice suivait à peu près, en la remontant, la vallée de la Savoureuse.

Or, contre toutes nos prévisions, l'ennemi, maître du Mont, se contenta d'y établir une garde et n'y fit aucune batterie.

Ceci tenait à un principe général des Prussiens, qu'il est bon de connaître et que, par ce motif, je crois devoir citer ici : Les Prussiens n'établissent jamais leurs batteries qu'à proximité d'une route ou d'un chemin carrossable, et plutôt que de se départir de ce principe, renoncent aux positions les plus saillantes et les plus dominantes. C'est assez naturel, du reste, car avec le poids énorme de leurs pièces et surtout l'immense consommation qu'ils font de projectiles, une batterie éloignée d'un chemin et à laquelle on n'arriverait que difficilement, serait pour eux une batterie sans force.

Quoi qu'il en soit, n'établissant pas d'artillerie au Mont, la pièce de gauche du bastion 15 nous devenait sans usage, et c'était vraiment dommage, car elle était fortement blindée et semblait très-puissante. La détourner à droite était assez inutile, car elle n'avait que faire au Salbert ou à Cravanches; je tentai alors de la dévier à gauche pour tirer, si faire se pouvait, sur la batterie d'Essert qui nous faisait déjà tant de mal.

Ce n'était pas un mince travail, car il ne s'agissait de rien moins que d'incliner la nouvelle directrice à 45 degrés sur l'ancienne, et cela au plus fort de l'hiver, sous un blindage déjà établi, très-étroit et avec une plate-forme en rails dont la fosse devait être portée très en avant, parce qu'on ne pouvait pas creuser à l'arrière, pour peu qu'on fût en oblique sur la grille d'éclairage de la grande rampe voûtée du Château.

Le travail fut commencé dans les premiers jours de décembre, et sans entrer dans les détails minutieux de son exécution, je dirai qu'il ne prit pas moins de 17 jours.

Il fallut, pour arriver au but, soutenir toute la toiture et le masque de devant en sous-œuvre avec des crics, pendant qu'on y plaçait des piliers de soutien pour former le flanc droit du nouvel abri. Il fallut défaire l'ancienne plate-forme en rails avec de l'eau chaude et refaire la nouvelle avec de l'eau chaude; il fallut, pour entamer l'épaulement et changer sa direction, faire rougir les pics des pioches et enlever la terre par quartiers. Il fallut enfin, pour faire la nouvelle embrasure dans cet épaulement en terre gelée, faire jouer la mine ou au moins se servir de poudre. Et tout cela sous les coups de l'ennemi qui nous voyait travailler.

Le 20 janvier, la pièce ouvrit son feu en même temps que Cécile du sommet du Cavalier, et la pièce de 24 mobile, établie en arrière du simple mur du bastion 15, et dont j'ai déjà parlé au chapitre I.

Trois nouvelles pièces de 24 venaient ainsi au secours de Catherine, l'ennemi cessa en partie son feu d'Essert, et c'est à cette époque qu'il redoubla celui des batteries de Bavilliers, où il transporta bon nombre, je crois, des pièces d'Essert.

Dimensions des embrasures. Pourquoi.

Je dois dire maintenant, pour terminer ce paragraphe, que les embrasures de toutes les cages avaient une largeur considérable : toute celle nécessaire pour pointer latéralement en utilisant le champ de tir que permettait la longueur donnée à la fosse.

Les fosses étant aussi larges que possible, et les tenons de manœuvre placés à la queue de la crosse étant enlevés à tous les affûts pour permettre à la crosse de joindre entièrement chaque joue de la fosse, nous avions été conduits à adopter une largeur d'embrasure de $1^m,20$. On me les avait fortement critiquées dans le principe, mais en leur

donnant *à priori* ces dimensions, j'avais pu les construire d'une solidité à toute épreuve, sûr que j'étais de n'avoir jamais à entailler une
joue pour tirer plus à droite ou plus à gauche sans modification radicale de la plate-forme elle-même. Nous avons vu, du reste, que grâce
aux masques de devant nous avions évité à peu près tous les coups
d'embrasure.

Puis, lorsqu'une partie de l'embrasure cessait de devenir utile au tir,
comme cela eut lieu pour Catherine, lorsque l'ennemi se transporta
d'Essert à Bavilliers, on rétrécissait très-vite l'embrasure avec des
corps d'arbres de 3 mètres placés en long dans l'embrasure, arbres
superposés et formant joue. On les retirait lorsqu'il en était besoin,
et on retrouvait très-vite tout le champ primitif pour répondre à une
attaque imprévue sur un horizon assez étendu.

Blindages établis pour garantir les hommes.

Nous avons vu précédemment que chaque commandant d'artillerie
avait la mission spéciale de loger ses hommes, et il devait le faire à
proximité des pièces qu'ils étaient appelés à servir, en employant à cet
effet tous les abris existants dans l'étendue de la portion d'enceinte
que chacun d'eux avait à défendre. Malheureusement la place est très-
mal fournie en abris pour les hommes et il fallut utiliser les moindres
recoins.

Au cavalier du Château, tout naturellement on logea les canonniers,
au nombre de 150 à 160 environ, en déduisant les malades de chaque
jour, dans les casemates à canons qui s'étendent sous tout l'ouvrage
et servaient déjà à abriter les 10 pièces de 24 de la batterie. On en
sortit tout le vieux matériel qui l'encombrait, et les 8,000 à 10,000
projectiles qu'on y avait accumulés. Ces projectiles furent répartis dans
les divers abris et surtout dans la voûte d'éclairage de la poudrière,
en ayant soin de laisser un petit passage libre.

Sous ces solides voûtes d'arêtes, les hommes se trouvaient très-bien,
ils avaient presque tous des fournitures complètes, et des lits de camp en
bois avaient été dressés pour suppléer, là où le besoin s'en faisait sentir,
à la pénurie de chalits. Des cuisines avaient été établies près de là,
sous les voûtes des rampes remplaçant les cheminées; on utilisa pour

ces cuisines de vieilles marmites qui servaient à fondre le goudron, on les répara à la forge et on les dressa sur une grille formée de rails soutenus à leurs extrémités.

Une salle à manger spéciale, pour les sous-officiers, avait même été construite entre quatre piédroits. Les hommes des diverses pièces étaient séparés par de grandes cloisons et chaque maréchal des logis couchait près de ses hommes et à portée de ses pièces. Autour de ces pièces un certain espace avait été laissé libre pour permettre une manœuvre facile.

Les embrasures étaient fermées avec des châssis mobiles pour préserver du froid, et avec 4 ou 5 troncs d'arbres longs d'un mètre, couchés dans l'embrasure pour préserver des projectiles; on ne les retirait que lorsqu'on voulait faire feu ou qu'il y avait quelque réparation à faire aux merlons ou aux joues.

Du côté de la cour les grandes portes à claire-voie furent doublées avec de petites voliges clouées sur les joints.

Mais on pouvait craindre encore que ces hommes ne fussent pas en complète sécurité du côté de la cour, on pouvait redouter pour eux les éclats des projectiles ennemis qui viendraient frapper la façade sud-est de la caserne ou le sol même de la cour après avoir passé par-dessus le Cavalier.

Blindages essayés dans la cour du Cavalier.

Contre ces éclats possibles, on établit le système de blindage suivant : de grands rails de 6 mètres furent placés obliquement contre la façade intérieure des casemates, et de manière à permettre le mouvement des grands vantaux des portes qui s'ouvraient en dehors. Ces grands rails, placés à plat et distants de 30 centimètres environ, s'appuyaient par le haut contre la maçonnerie, et par le bas s'engageaient dans une rainure formée par un rail couché et enterré. Par dessus on avait établi de grandes planches de 5 centimètres d'épaisseur, imbriquées aux jointures, placées dans le sens même des rails, et maintenues à leur pied par une hauteur de 1^m,50 de terres qu'on y avait accumulées à leur pente naturelle.

On avait ainsi, tout autour de la cour et pour circuler d'une casemate à l'autre, un couloir à section triangulaire où l'on était à l'abri des éclats de projectiles et, par suite à l'abri des coups de l'ennemi, je le croyais du moins.

Malheureusement je ne comptais que sur les effets du tir ordinaire, et je n'aurais jamais cru en tout cas qu'un projectile venu de 3,000 mètres, passant par-dessus le grand mur qui ferme la cour du côté d'Essert, pût venir frapper ces blindages de plein fouet. Puis surtout je ne les avais établis qu'en vue des éclats résultant d'une attaque directe et ne m'étais nullement mis en garde contre une attaque de flanc.

Le premier jour du bombardement, le tir sur le Château avait été assez tâtonnant; mais le deuxième jour au matin, les projectiles ennemis, passant par-dessus le grand mur dont j'ai parlé, vinrent prendre les casemates à revers et frapper de plein fouet ces blindages si légers, mettre en pièces ceux de l'extrémité opposée à Essert et pénétrer d'un seul jet dans les casemates mêmes.

Les hommes étaient en train de manger la soupe, et du premier coup trois furent tués et un grand nombre blessés. Ce fut un désarroi épouvantable, et je n'ai jamais éprouvé une sensation comparable à celle que j'éprouvai en entrant dans ces casemates où l'ennemi était venu frapper mes hommes jusque sur leurs lits mêmes. Premières victimes de la batterie, nous ne les vîmes pas tomber sans un certain émoi, en attendant que la suite du siége nous eût faits à ce spectacle.

Les hommes, saisis de voir les projectiles pénétrer ainsi ces blindages derrière lesquels ils s'étaient habitués à se croire en sûreté, s'étaient blottis derrière les piliers des voûtes d'arêtes et n'en voulaient plus bouger, malgré les coups qui se succédaient sans interruption dans la casemate.

Il ne fallait plus songer cependant à loger quelqu'un sous ces voûtes prises à revers, au moins sous les voûtes de l'extrémité nord-est de la cour; j'en installai alors un plus grand nombre dans la casemate de l'autre extrémité, qui, plus rapprochée du grand mur de flanc, ne pouvait recevoir de projectiles directs, et les autres furent installés dans le corridor du 1er étage de la caserne.

Blindages en sacs de farine.

Cette caserne est partagée en deux parties par ce corridor, sur lequel ouvrent les portes des chambres qui sont établies à droite et à gauche. Celles de la face qui domine la ville, et regarde Essert, avaient été remplies, par ordre du colonel Denfert, de deux et quelquefois trois piles de sacs de farine. Ces sacs se trouvaient ainsi à l'abri du mauvais temps et constituaient pour ce côté de la caserne un blindage d'une résistance étonnante qu'aucun projectile ennemi ne put jamais traverser entièrement.

Le corridor et les chambres de la façade donnant sur la cour étaient par ce moyen rendus habitables, puisqu'ils ne craignaient aucun projectile direct, mais seulement les éclats venant du dehors. On boucha les ouvertures des extrémités du corridor; une cinquantaine d'hommes s'y établirent assez facilement, et les officiers purent occuper les chambres donnant sur la cour jusqu'au jour où, la voûte menaçant ruine, il fallut déguerpir au plus vite et se créer des logements dans les poudrières ou abris épuisés.

Quant aux canonniers entassés dans la première casemate, ils y auraient été à peu près en sécurité si le mur de flanc de cette casemate, contre lequel portaient tous les coups trop bas lancés sur Catherine, eût été bien solide. Malheureusement il existait autrefois sur ce flanc une embrasure en pierres ayant vue sur Essert et qu'on avait bouchée depuis plusieurs années, mais dans de mauvaises conditions. Les ouvriers, peu surveillés sans doute, au lieu de fermer cette ouverture avec de la maçonnerie, l'avaient fermée avec deux simples parements en brique rouge, qui d'une part étaient peu solides et qui d'autre part, se détachant sur la maçonnerie blanche, donnaient à l'ennemi un très-beau point de mire à l'aplomb juste de l'embrasure de Catherine. Le quatrième ou le cinquième jour du bombardement, en plein midi, un projectile de 32 kilogrammes, frappant juste en ce point, pénétra facilement dans cette casemate où les lits étaient entassés, en broya 17, mais ne blessa que le maréchal des logis Zeller et un homme qui s'y trouvaient fort heureusement tout seuls en ce moment.

On boucha aussitôt cette ouverture si exposée, par une grosse racine

7

de chêne mise dans l'embrasure dégagée, puis par trois gros corps
d'arbres debout, jointifs, appuyés contre le haut de la voûte et maintenus en place par une triple pile de sacs de farine serrés l'un contre
l'autre.

Cet appareil était si résistant que, malgré les nombreux coups qui
vinrent porter encore au même endroit, il n'eut besoin par la suite
d'aucune réparation.

Autres blindages essayés dans la cour du Cavalier.

Mais je ne pouvais renoncer à l'idée de loger de nouveau mes
hommes dans les casemates nord-est abandonnées, d'ailleurs il fallait
bien d'une manière ou de l'autre préserver les pièces qui s'y trouvaient
et que l'ennemi prenait à dos et par la cour. Puis, surtout dans ces
casemates, se trouvait un abri à munitions construit entre deux voûtes
et que l'on considérait comme tellement en sécurité, par sa situation
même, que deux des trois murs reliant les piliers et formant cet abri
étaient en simple briquetage, ceux précisément regardant la cour. Or,
dans cet abri se trouvaient toutes mes munitions des dix pièces de 24 de
cette batterie, c'est-à-dire plusieurs milliers de projectiles et plusieurs
milliers de kilogrammes de poudre que je ne pouvais loger ailleurs.

Ces voûtes d'arêtes des casemates, qui n'ont qu'un rang de piliers, se
prolongent du côté des embrasures par des voûtes en plein cintre de
3 à 4 mètres de long et ouvrent sur la cour par des voûtes identiques.
Celles-ci étaient, comme je l'ai dit, fermées par de grandes portes en
claire-voie brisées dès le premier jour, ainsi que les pare-éclats extérieurs en planches et rails, et je me proposai de les boucher par un
autre système.

J'avais abattu ce qui restait des grandes séparations intérieures et
des blindages de la cour, et comme j'avais fait en même temps ouvrir
l'entrée située sous la voûte qui descend de la cour dans l'enceinte
intérieure, je pouvais fermer entièrement sans inconvénient les arceaux
donnant directement accès en dehors.

Voici le système essayé pour boucher ces arceaux:

De gros corps d'arbres étaient sciés à la forme et longueur voulues
pour faire un revêtement de pièces debout, jointives et forcées sous

l'arceau, mais à un mètre en retrait du parement de la cour pour diminuer par cette disposition le nombre des coups devant les frapper de premier jet. Ils étaient encore soutenus en place, du côté de la cour, par une autre pièce de bois placée perpendiculairement à eux, forcée à mi-hauteur des deux piédroits et soutenue par deux montants.

A l'intérieur ces pièces de bois debout étaient maintenues par deux piles de grands sacs de la manutention remplis de terre, placés en long et occupant le reste de l'arceau. 1,000 sacs de très-grandes dimensions avaient été réquisitionnés à cet effet sur un bon du gouverneur.

Malheureusement les terres étaient très-rares et très-difficiles à se procurer par suite du froid qui se traduisait déjà à cette époque par 18 et 20 degrés au-dessous de zéro, en sorte que le travail n'allait pas vite. De plus, le tir de l'ennemi était tel qu'on ne pouvait remplir les sacs qu'en s'abritant le jour derrière les piliers et qu'on devait attendre la nuit pour les mettre en place, ajuster les corps d'arbres et se pourvoir de terre. Enfin et surtout, les sacs remplis avec de grosses mottes de terre gelée, qu'on parvenait à peine à casser en petits grains ou à transformer en poussière, avaient peu d'assiette, se joignaient mal et formaient des piles sans stabilité, malgré les cruches d'eau chaude dont on les arrosait avant de les mettre en place.

Bref, cette tentative ne réussit pas; ces piles furent renversées et bousculées avant même d'être terminées, mais je crois que ce système eût réussi et résisté suffisamment moyennant quelques réparations journalières, s'il eût pu être entrepris avec des terres meubles.

Il fallait donc renoncer pour le moment du moins à loger les hommes dans cette partie des casemates; nous nous contentâmes de faire avec nos sacs des pare-éclats directement derrière nos pièces pour les mettre, elles et leurs servants, le plus à l'abri possible; et quant à l'abri à munitions, on renforça à l'extérieur ses murs trop peu résistants par de doubles piles de sacs d'avoine et de sacs d'orge qui n'avaient d'autre mission que d'arrêter les éclats.

Approvisionnement des terres au dégel.

Le reste du terrain des casemates fut employé comme dépôt de terre. Nous sentions chaque jour de quelle nécessité absolue est cet élément dans un siége, et combien son emploi est mauvais et difficile lorsque la gelée l'a saisi : aussi à chaque dégel tout le monde était sur pied, et pendant tout le temps que durait le radoucissement de température, on accumulait terres sur terres dans la casemate. Une immense quantité fut ainsi soustraite au rayonnement, ne put plus durcir qu'à la surface, et nous rendit par la suite de très-grands services.

Blindages à la tour des Bourgeois.

Une cinquantaine d'hommes, comptant à la même batterie (1re du 7e), étaient chargés d'un poste tout spécial : la défense de la tour des Bourgeois, bastion 20 et ouvrage 22. Ils étaient commandés par le maréchal des logis Chaourt (décoré à Belfort, frappé depuis d'une balle à Neuilly), qui avait montré beaucoup de bonne volonté, de fermeté et de zèle dans la mise en état de ce côté de la défense si négligé, nous l'avons dit, avant notre arrivée dans la place.

C'est là que se trouvaient deux pièces de 24 de place, montées sur affût de siége avec plates-formes en rails et défendant puissamment toute la vallée de la Savoureuse en amont; c'est là aussi que se trouvaient nos meilleures pièces retournées, c'est-à-dire celles qui étaient le mieux cachées et celles qui résistèrent le plus longtemps; c'est là enfin que furent établies à la fin du siége les pièces de 16 qui tirèrent à volonté, jour et nuit, sur les cheminements en avant des Perches, ces boulets pleins dont les Prussiens nous faisaient des pyramides dans les villages où nous passions en quittant Belfort.

Mais ce qui m'occupe en ce moment, ce sont les logements des hommes de ce détachement. On les avait logés dans des voûtes de passage dont les extrémités étaient fermées par des bois inclinés, enterrés à leur pied, et appuyés contre les hauts des cintres extrêmes.

Ces blindages, analogues à ceux que nous avions faits devant toutes les portes de nos abris à munitions, résistaient très-bien aux éclats et même souvent aux projectiles entiers, lorsqu'ils étaient formés de trois ou quatre couches superposées, et surtout lorsque les bois étaient d'assez forte dimension.

Du reste, en principe, aucuns bois, même ceux en réserve, ne restaient étalés et en attente au milieu des cours; je les faisais toujours dresser contre une porte ou un passage, et, en cas de besoin, on venait les prendre là comme en un dépôt pour en disposer ailleurs plus utilement.

Pare-éclats en caisses Snider.

Toujours dans le but de préserver les hommes le plus possible, des abris, des traverses et des pare-éclats furent préparés à portée de chaque pièce.

Les abris étaient ou de simples bois soit inclinés contre un mur, soit contre un épaulement, ou des trous recouverts de bois et de terres et dans lesquels on descendait par une rampe de côté, ou enfin des cages faites en bois, en gabions, en chapes pleines de terre, en caisses de fusils.

Ce dernier système fut employé sur une assez vaste échelle, car nous avions à notre disposition un grand nombre de caisses de fusils Snider, caisses très-solides, parce que les côtés en sont vissés et non cloués.

Avec ces caisses pleines de terre, placées à couvre-joints, et dans des directions croisées comme le sont les pierres de taille des constructions soignées, nous arrivions à construire des murs très-stables et très-résistants, surtout lorsque les terres et les caisses étaient cimentées par de l'eau qui se gelait bien vite avec la température que nous subissions alors.

À la tour des Bourgeois, je fis faire deux murs, notamment avec des caisses Snider qui résistèrent très-bien.

Partout aussi où l'espace le permettait, nous avions construit entre les pièces des traverses en terre assez élevées et présentant comme revêtement une hauteur de deux forts gabions superposés, celui du dessus un peu en retrait. Nous avions en même temps profité de ces traverses pour faire un abri à leur base, en les perçant d'outre en outre à leur point de jonction avec l'épaulement. Ce passage, brisé en son milieu pour qu'il ne pût être enfilé, servait d'abri et en même temps de communication couverte pour aller d'une pièce à l'autre ; chaque extrémité était en partie fermée, cela va sans dire, par des bois inclinés.

Au sommet du Cavalier, il y avait notamment une traverse établie dans ces conditions, avec un très-grand luxe de bois : le passage n'avait pas moins de 10 mètres de long, ses parements étaient en pièces de bois, debout, jointives, équarries sur quatre faces; le dessus était en grosses planches sur lesquelles était dressé un plancher de rails de 4 mètres formant décharge et appuyant leurs deux extrémités sur des pilots engagés d'une part dans la traverse et d'autre part dans l'épaulement; enfin le tout était recouvert de 50 centimètres de fumier et de 2 mètres de terre. Extrémités bien évidemment fermées aux éclats, et hauteur telle qu'on pouvait presque s'y tenir debout.

Cette traverse, très-utile pour abriter contre des projectiles venant d'une direction perpendiculaire à son épaulement, résista mal, très-mal aux coups qui la frappèrent de flanc, et si j'en parle ici, c'est pour montrer de quelle importance est pour de tels passages une bonne orientation, et surtout parce qu'elle était fort soignée, passait pour bien conçue, fut admirée, et que certainement elle eût offert une résistance plus que suffisante contre une attaque normale, contre une attaque venant des Perches.

CHAPITRE IV.

Manière dont les Prussiens ont conduit le siége de Belfort comme lutte d'artillerie.

Belfort, par sa position entre les Vosges et le Jura, ferme la trouée dite de Belfort, couvre la route du midi pour un ennemi non encore maître des Vosges et oblige celui qui en est maître à un long détour et à un pénible circuit pour descendre dans le bassin du Rhône. C'était bien évidemment Lyon qui était l'objectif du corps de Werder; il pensait rapidement y arriver après avoir enlevé Belfort, ne comptant Besançon que pour peu de chose.

Le général de Treskow, son lieutenant, avait l'ordre de brusquer l'attaque de notre place et d'en tenter l'enlèvement ou la reddition par un de ces bombardements rapides et énergiques qui avaient si bien réussi aux Prussiens depuis le commencement de la guerre.

Mais trouvant de la résistance au pied même des Vosges, victorieux à Gros-Magny et presque repoussé à Roppe, celui-ci vit bien que la lutte serait ici plus sérieuse et son bombardement du premier jour s'en ressentit, il fut mou et comme découragé. Éloigné par nos pièces à longue portée et nos sorties continuelles, il fut dans la nécessité d'attendre son parc de siége et ses grosses pièces avant de rien entreprendre; et il se contenta pendant ce temps d'investir la place en occupant tous les villages situés sur une circonférence où nous ne pouvions atteindre.

Le siége sérieux est décidé.

Le parc de siége arrivé, on l'établit à Chalonvillars et on arma la première des batteries de siége, construite presque en une seule nuit, en avant du village d'Essert, à 3^k,100 ouest environ de la place. Les Prussiens n'avaient évidemment pas, nous l'avons déjà dit, l'intention de cheminer dans cette direction; ils savaient très-nettement que le point d'attaque était directement par les Perches et le Château; ils le savaient d'autant mieux que, dans sa lettre du 18 février, le général Treskow en vient à citer mot pour mot le jugement porté sur Belfort par la Commission du 10 mars 1869, présidée par le général Froissard. C'était par là aussi qu'ils voulaient pousser leur attaque, et ces premières batteries n'avaient d'autre but que de détruire l'armement du Château, batterie centrale qui, donnant des feux sur presque tout l'horizon et surtout du côté des Perches, pouvait considérablement gêner leurs cheminements dans cette direction.

Ils comptaient en même temps, à l'aide de cette batterie, détruire la petite redoute de Bellevue, qui semblait alors bien peu de chose, et s'en emparer, comme en passant, pour éviter les feux de flanc et les vues qu'elle possédait sur le pli de terrain allant du Bosmont aux Perches et qu'ils avaient nécessairement à parcourir.

Cette batterie d'Essert était admirablement placée pour bombarder Bellevue, et surtout pour prendre de flanc et de revers toute l'artillerie du Château, qui semblait ne pouvoir que bien difficilement et bien faiblement y répondre; elle n'était cependant pas très-puissante, si, comme toujours, l'on commet l'erreur de compter la puissance par le nombre des pièces, elle n'avait que 12 ou 15 pièces au plus. Les Prussiens, eux, comptent la puissance d'une batterie par la force des pièces et surtout par le nombre des coups dont ils l'approvisionnent; or, à ce compte cette batterie était formidable, car les pièces lançaient des projectiles de 32 kilogrammes et à volonté, presque jour et nuit. Suivant ce principe général auquel, comme nous l'avons déjà dit, ils ne manquent jamais, afin de pouvoir toujours, quels que soient le temps et la saison, faire circuler leurs immenses approvisionnements, ils l'avaient établie sur le chemin même qui, du Mont, vient rejoindre la grande route de Paris en traversant Essert et remontant vers Châlonvillars où se trouvait leur grand parc.

Toutes les nuits nous entendions de ce côté une immense circulation, des roulements prolongés de chariots, et le lendemain nous recevions sans trêve ni repos tout ce qu'avaient apporté ces voitures.

J'ai dit dans un chapitre précédent tous les dégâts que causa cette batterie à l'artillerie des enceintes basses, aux casemates et aux pièces du sommet du Cavalier; mais, malgré tout, Bellevue tenait toujours, se fortifiait sous le feu, et Catherine répondait aussi sans désemparer à la batterie d'Essert, par un feu qui, nous dirent-ils plus tard, leur faisait beaucoup de mal.

Choix des positions de Bavilliers et Danjoutin. Leur rôle, leur utilité.

Les Prussiens crurent alors que leur position d'Essert était mal choisie, ils l'abandonnèrent presque absolument lorsque le bastion 15 ouvrit son feu sur eux. Ils s'emparèrent de Bavilliers pour partir de là en cheminant régulièrement et à pas comptés sur Bellevue, et ils firent là une deuxième batterie de bombardement et de désarmement contre l'artillerie du Château, batterie tirant à volonté comme l'avait fait celle d'Essert.

Plus tard, continuant ce même mouvement tournant, ils s'emparèrent de Danjoutin pour y établir encore une nouvelle batterie de même ordre que les deux premières, et tranquilles alors sur les deux rives de la Savoureuse, ils commencèrent leurs cheminements sur les Perches, sous la protection des batteries de Bosmont, qui sont à proprement parler les premières batteries du siége classique et régulier, les vraies batteries de première période.

Or, en tout cela il y avait perte de temps et tâtonnements, c'est ce que je veux étudier.

Ce qu'à mon avis l'ennemi eût dû faire.

Dès l'abord les Prussiens devaient renoncer à l'attaque de Bellevue, puisqu'ils voyaient bien clairement qu'ils ne pouvaient s'en emparer sans de trop grands sacrifices et sans des pertes que rien n'eût légitimées, puisque cette direction était secondaire; il fallait se contenter d'en éteindre les feux, si faire se pouvait, et le négliger ensuite.

Il fallait s'emparer de Bavilliers et de Danjoutin, et simplement les garder comme postes de sûreté, assurant leurs communications et resserrant l'investissement, mais sans y transporter la batterie d'Essert.

Enfin il fallait cheminer sur les Perches directement en partant de

Bosmont et gardant toujours comme batterie de désarmement, pour le Château, la batterie d'Essert qui était la mieux placée, la plus meurtrière pour nous, et de beaucoup la plus savamment établie.

La transporter à Bavilliers et à Danjoutin fut une perte de temps, une erreur même, car ces deux derniers points étaient mieux vus de l'artillerie de la place et la voyaient moins bien.

S'ils y souffrirent moins qu'ils n'avaient souffert à Essert, la cause et l'unique cause en est à ce que notre pénurie de projectiles ne nous permettait plus les largesses relatives que nous nous étions permises les premiers jours, en vue surtout de frapper leur moral et de décourager leur confiance. Aussi lorsqu'ils écrivent que la lenteur des premiers progrès du siége de Belfort a été due à ce que la position des premières batteries de siége était mal choisie, ils se trompent grossièrement et prennent tout simplement l'effet pour la cause.

Quant au bombardement de la ville qu'ils exécutaient avec rage, toutes les fois que le brouillard les mettait dans l'impossibilité de viser convenablement nos batteries, on peut dire que ce fut une cruauté bien inutile et bien hors de propos, car, vu la faible population de la ville et vu surtout la manière dont ils avaient été reçus par la garnison dès leur descente des Vosges, ils avaient pu juger surabondamment que ce moyen d'intimidation, qui leur avait si bien réussi ailleurs, serait sans effet à Belfort.

Mais, même encore pour ce simple bombardement de la ville, la position d'Essert était bien plus efficace que les deux qu'ils occupèrent après. A ce nouveau point de vue encore ce changement fut donc plus qu'une perte de temps, ce fut une faute.

D'après leur programme, les cheminements sur les Perches, partant du bois de Bosmont, devaient être poussés activement, et les forts enlevés promptement, parce qu'ils supposaient qu'à ce moment l'artillerie du Château serait entièrement démontée par les trois batteries de désarmement, la prenant successivement de revers, de flanc et d'écharpe.

Cette dernière partie du programme n'étant pas remplie, puisque les feux des casemates au moins subsistaient toujours, les cheminements furent très-lents; ils voulurent alors tenter une action de vigueur, mais, la courageuse défense des fusiliers de la garnison des forts s'ajoutant aux feux de la place, ils essuyèrent un sanglant échec le 26 janvier.

Ils reprirent alors leur marche lente et régulière, et arrivés en cheminant jusqu'aux escarpes écroulées de nos deux petites redoutes, ils nous obligèrent à les évacuer. — Mais comme nous étions encore forts en artillerie, dans cette direction surtout, ils ne purent s'établir dans ces redoutes et commencer tout de suite leurs cheminements sur le Château; ils furent forcés de construire de nouvelles batteries derrière la crête dominant ces hauteurs, pour achever l'œuvre que ne pouvaient terminer leurs premières batteries de désarmement.

Puis, contre la Justice qui les gênait aussi beaucoup de ce côté, ils avaient fait déjà quelque temps avant une batterie spéciale aux bois sur Merveaux, et la Justice dut bientôt arrêter son feu.

Rôle des batteries des Perches. — État des deux artilleries adverses à notre sortie de la place.

Les batteries des Perches, très-fortement armées et considérablement approvisionnées, firent au Château un mal énorme, tuèrent beaucoup de monde, entravèrent presque entièrement la circulation; mais malgré tout, on put jusqu'à la fin réparer à peu près les dégâts faits de jour à la face du Cavalier, et les dix pièces des casemates étaient encore debout quand fut ordonnée notre sortie de la place.

En résumé, à cette époque même, quoique maîtres des Perches déjà depuis quelque temps, les Prussiens n'avaient encore pu commencer par la force des choses un seul des boyaux de tranchée qui devaient leur permettre de descendre le versant nord de ces hauteurs et les conduire vers la place, après un parcours de plus de 1,000 mètres.

Pour effectuer notre désarmement, condition *sine quâ non*, cependant, d'un progrès quelconque dans leur situation à cette époque, je crois qu'il leur fallait de toute nécessité appeler à leur aide un surcroît d'artillerie.

Était-ce possible et réalisable en ce moment?

Je n'en sais rien, aussi je croirais très-volontiers ce que nous disaient à notre sortie les habitants des villages où nous passions, et comme le tenant des officiers allemands logés chez eux :

Les Prussiens, dès cette époque, avaient désespéré de prendre Belfort, et ne cherchaient plus qu'à nous faire le plus de mal possible.

Du reste, même l'artillerie des flancs et l'artillerie blindée entièrement détruites, la descente des Perches sous les feux d'infanterie que nous avions encore eût été une opération des plus dangereuses et des plus difficiles, sur ce versant si en pente et presque tout en rocher.

Enfin, le Château pris, la ville, il est vrai, tombait; mais non encore la place, malgré le témoignage qu'invoquait le général Treskow, car la Miotte et la Justice restaient et pouvaient servir de dernier réduit aux troupes valides de la garnison.

Bien entendu, dans cette étude rapide de la manière dont les Prussiens conduisirent la lutte d'artillerie, et dans cet exposé des résultats obtenus et de notre situation respective au moment où nous avons quitté la place, je n'ai en vue que la résistance matérielle et nullement la résistance morale.

Tout ce que je puis dire seulement sur ce dernier sujet, c'est que le moral des artilleurs et de quelques autres groupes était encore très-bon, et que celui des autres soldats de la garnison n'avait un peu faibli que sur la nouvelle que Belfort était depuis 15 jours déjà seul à continuer la lutte, et seul excepté d'un armistice conclu pour la France entière.

Nos ennemis avaient même tellement bien senti que cette simple nouvelle pouvait beaucoup contre nous, qu'à nos avant-postes et partout ils nous inondaient de journaux et de petits billets tout préparés, portant cette bizarre annonce : Paris a capitulé. — Armistice pour toute la France. — Belfort seul excepté.

Abris et traverses du génie, leur résistance.

Mais puisque j'ai parlé des dégâts produits par le tir de l'ennemi sur notre artillerie, il me semble utile de dire un mot ici de l'effet de ce même tir sur les abris à munitions et sur les traverses-abris préparés à l'avance dans les places, d'après un modèle type accepté par le génie.

Presque tous ceux que nous avions au Château étaient formés par des voûtes en plein cintre, de 2 mètres de haut environ, sur $1^m,50$ de large, adossés à un épaulement, et les piédroits perpendiculaires à cet épaulement. La face opposée à l'épaulement était généralement formée d'un parement en pierres de taille, sur lequel était percée une ouverture droite, avec arc platebandé au-dessus, fermée à la face interne par une forte porte de chêne, faite avec coulisses et placages, et s'ouvrant de dehors en dedans.

Par-dessus ces voûtes, il y avait un matelas de 1^m,50 à 2 mètres de terres, s'appuyant contre l'épaulement à l'arrière, et maintenues en avant par le parement qui débordait la voûte, en forme de trapèze droit, et dont les côtés suivaient l'inclinaison naturelle des terres.

Ces abris étaient tous orientés de telle sorte que la porte se trouvait du côté de la place ou du terre-plein de l'enceinte correspondante, bonne orientation, puisque les coups dangereux étaient censés devoir venir des Perches.

Or, par le tir d'Essert et même par celui de Bavilliers, les portes de la plupart furent frappées directement, de plein fouet, par suite enfoncées et les munitions aussi exposées que possible.

Dès que ce tir avait commencé, on s'était empressé aux enceintes supérieures de vider d'abord ces abris et d'essayer ensuite de blinder les portes avec des bois. Ces blindages, où l'on devait de toute nécessité laisser un passage pour entrer dans l'abri, ne tenant pas ou tenant mal contre les coups directs, on ne remit plus rien dans les abris : aussi n'eut-on aucun accident à y déplorer.

On vida ainsi tous les abris de l'enceinte supérieure et de la plateforme du Cavalier; on ne conserva plein que l'abri qui se trouvait à l'intérieur des casemates et dont les murs et les portes étaient, comme on l'a déjà vu ailleurs, renforcés avec des piles de sacs d'orge et de sacs d'avoine.

Dans chaque abri, au coin le moins exposé, on enterra un coffre ou deux coffres à munitions, dont les couvercles seuls restaient apparents, et dans lesquels on mit un approvisionnement de plusieurs coups pour parer aux éventualités les plus pressantes et les plus inopinées.

On utilise la voûte d'éclairage du magasin à poudre du Château.

Les autres projectiles en réserve, ainsi que l'atelier de chargement, de fabrication de gargousses et d'ajustage des fusées, furent transportés dans une voûte d'éclairage en fer à cheval, qui régnait tout autour du grand magasin à poudre du Château. Cette voûte, ainsi que le magasin qu'elle devait éclairer, se trouvait protégée par l'énorme masse de terre élevée au-dessus, dans le bastion 15 et constituant un matelas de 3 à 4 mètres d'épaisseur. Elle semblait un lieu bien sûr et bien à l'abri; cependant un gros projectile Krupp, venant à frapper ce matelas, ébranla un jour jusqu'à la voûte d'éclairage; on s'empressa alors d'abandonner la branche droite du fer à cheval et de se transporter dans la branche gauche (pour un observateur qui entre dans le magasin), non exposée aux coups directs; on coupa toute communication entre ces deux branches par une épaisse pile de 1,000 sacs à terre, doublés plus tard d'un mur en briques, et on ne laissa plus dans la première branche que les projectiles vides.

Du reste, pour mieux encore parer à un accident, on augmenta l'épaisseur des terres de la face exposée aux coups des obusiers Krupp.

On dira, sans doute, qu'il était dangereux d'ainsi rapprocher la chambre de chargement d'un magasin à poudre si important; c'est vrai, mais on ne pouvait trouver d'abri sûr nulle part ailleurs, et si, en vidant les abris pour se transporter là, on tombait dans un inconvénient grave, on en évitait un plus grave encore, comme le montra bien la suite du siège.

Accidents à l'enceinte intermédiaire.

En effet, à l'enceinte intermédiaire, où l'on n'avait pas pris les mêmes précautions, faute peut-être d'un endroit propice, un projectile ennemi, entrant le 17 décembre par la porte d'un abri contenant de la poudre et des bombes, y mit le feu et fit sauter tout le magasin.

Le 20 janvier, dans la même enceinte, l'abri du bastion 11, frappé sur le flanc par un projectile Krupp, fut percé du coup; les charges et les projectiles qui s'y trouvaient prirent feu, l'abri sauta et 22 cannonniers, 1 brigadier, 2 sous-officiers, 1 adjudant et 1 officier de la 4ᵉ batterie mobile du Haut-Rhin y furent broyés.

Après cet accident, les deux enceintes basses ne conservèrent plus aucun approvisionnement, et le sous-chef artificier, Carponcin, de la

1re batterie du 7e (depuis tué à Neuilly), eut à pourvoir de l'atelier de la voûte d'éclairage à toute la consommation du Château.

L'accident du 20 janvier montre surabondamment que le projectile Krupp perce une voûte qui n'a que 1 mètre à 1^m,50 de matelas de terre; au sommet du Cavalier nous avions eu du reste un abri, vide très-heureusement, qui, bien que neuf, en bon état, avec un matelas bien entretenu, avait eu sa voûte désorganisée sous le choc successif de deux projectiles de 32 kilogrammes.

Puissance de l'obus Krupp.

A propos de l'effet du projectile Krupp, je crois pouvoir dire comme résumé de plusieurs remarques faites à Belfort, que contre un corps dur ce projectile n'agit pas seulement par son choc, à l'imitation des autres projectiles.

En effet, on sait que le choc est directement proportionnel à la force vive, qui elle-même est proportionnelle à la deuxième puissance de la vitesse et ne l'est qu'à la simple puissance de la masse : or, comment alors expliquerait-on par un simple effet de choc, que le projectile Krupp, avec une masse simplement égale à 2 $^1/_2$ fois la masse du projectile de 32 kilogrammes, et avec une vitesse plus de moitié moindre que celle de ce même projectile, eut cependant un effet d'écrasement incommensurablement plus grand toujours que celui du projectile avec lequel je le compare ?

Voici comment je serais tenté de l'expliquer :

Ce projectile est oblong, en fonte homogène; mais n'est pas d'épaisseur égale sur toutes ses parois : ainsi son culot est considérablement plus épais que le corps même de l'obus; il est, en un mot, mal centré et, je crois, à dessein. Il est, en outre, armé d'une fusée percutante assez insensible et ne s'enflammant que très-sensiblement après le choc, en sorte que le projectile lui-même n'éclate que lorsqu'il a bien fait son logement dans le matelas de terre et contre la voûte à détruire.

Alors, vu la masse considérable du culot, l'effet de destruction doit se produire surtout en avant, c'est-à-dire que le projectile rendu à destination agit à l'image d'un fourneau de mine bien fermé, bien bourré.

Conditions réclamées pour les nouveaux abris.

En présence de ces nouveaux engins, je crois qu'on doit en arriver à décider, en principe que les abris à munitions seront tous à double voûte et couverts d'au moins 3 mètres de terre. Ajoutons que le meilleur moyen d'augmenter d'une manière très-considérable la puissance de résistance de terres formant matelas, est de coucher simplement sur le flanc exposé aux coups directs de simples troncs d'arbres jointifs [1]. Il faut, bien entendu, veiller chaque jour à ce que bois et terres soient réparés et remis en état.

Quant aux portes de ces abris, on doit sentir de plus en plus la nécessité de les défiler des points dangereux par une bonne orientation de l'abri, et de les masquer aux coups directs par un avant-corps également voûté, de manière qu'on ne trouve la porte et le parement de tête qu'après 1, 2 ou même 3 mètres de voûte. Cet avant-corps pourrait être utilisé comme abri pour les hommes, et au moment du siège on lui donnerait plus d'importance encore en créant, pour y aller de la pièce, une sorte de cheminement ou de tranchée contournée, gabionnée et terrassée du côté d'où viendraient les coups.

Nous avions au bastion 20 (tour des Bourgeois) un abri à munitions ayant ainsi un semblant d'avant-corps, mais ni voûté, ni couvert, et malgré tout il a suffi de quelques bois inclinés en avant de sa porte pour le préserver des coups directs jusqu'à la fin du siège.

Places nouvelles.

Mais après avoir jeté un coup d'œil général sur la manière dont la Prusse a conduit comme lutte d'artillerie le siége de Belfort, manière qui, probablement, sera adoptée en principe pour les siéges à venir,

---

1. On peut placer ces corps d'arbres ou sur les deux premiers mètres de terre et les recouvrir ensuite de 1 mètre de terre, ou les placer tout à fait au-dessus des 3 mètres de terre exposés directement aux coups. Dans le premier cas, les arbres sont rarement coupés, mais beaucoup de terres sont projetées au loin; dans le dernier cas, les arbres seuls sont entamés et projetés. — J'aimerais mieux, pour ma part, ce deuxième emploi des bois, comme permettant des réparations plus faciles.

parce qu'elle répond à un judicieux emploi des engins modernes, il me semble utile de dire aussi très-rapidement comment je voudrais voir disposer d'avance l'artillerie de la défense pour résister à semblable attaque.

Je vais dire, en un mot, comment, dans l'état actuel de l'artillerie, j'entendrais une place qui serait à créer tout à neuf, ou au moins comment j'en voudrais avoir une à défendre, si ce rôle devait jamais m'incomber.

Bien entendu, ici je ne fais qu'émettre une opinion toute personnelle, résultant de l'expérience d'un seul siége, et sans prétendre en aucune sorte en faire partager à qui que ce soit la responsabilité. Je dis simplement ce que j'ai vu et j'y ajoute ce que j'ai cru apprendre en étudiant de mon mieux ce qui s'est fait à Belfort sous la direction du colonel Denfert, n'ayant d'autre but dans ce qui va suivre que d'indiquer une disposition qui me semblerait bonne comme disposition d'artillerie.

Si j'ai groupé mes observations sous ce titre de Place nouvelle, ou Place idéale, c'est pour les rendre plus saisissantes, mais nullement pour tracer un modèle de place répondant à toutes les objections et duquel je ne voudrais pas voir s'écarter. On ne doit pas oublier que, si l'artillerie joue un grand rôle dans les défenses de place, ce rôle n'est pas unique et qu'alors tout ce qu'on peut dire en partant de ce point de vue seul, ne peut et ne doit avoir aucune prétention à l'absolutisme.

Généralement on est conduit à créer une place forte par une série de mobiles qui, au premier abord, sembleraient assez multiples et assez variables, suivant les cas, mais que je crois pouvoir réduire à trois que je me contenterai ici d'énumérer.

On peut fortifier une ville, parce que sa conservation comme centre de gouvernement importe au plus haut point à l'organisation et à la continuation d'une lutte qui s'engagerait; c'est le cas d'une capitale.

On peut fortifier aussi une ville lorsqu'elle contient de grands arsenaux, de grands établissements militaires, ou même quelquefois de grands établissements civils dont l'industrie pourrait au besoin être utilisée en cas de guerre pour suppléer à l'insuffisance des établissements militaires: c'est le cas de presque tous les grands ports de mer et de quelques autres grandes villes.

8

Enfin on peut fortifier une ville pour en faire une position stratégique et parce qu'elle se trouve commander de grandes et importantes voies de communication.

Encore les trois types qui sembleraient résulter de ces trois mobiles divers peuvent-ils se réduire simplement à deux : Fortifier une petite ville ou un point, et fortifier une grande ville.

Les capitales, les grands ports de mer, les grandes villes industrieuses seront dans cette dernière catégorie, et même la plupart du temps les villes centres de communications. En effet, de toutes les communications, aujourd'hui les plus importantes, et on pourrait presque dire les seules importantes en guerre comme en paix, seront les chemins de fer; or, il arrivera presque toujours que la concentration de voies ferrées se fera pour desservir quelque grande ville, et alors les causes mêmes rendant une position intéressante au point de vue militaire l'ont déjà rendue importante au point de vue civil.

Fortifier une grande ville sera donc le problème qu'on aura le plus souvent à résoudre.

Cependant le contraire peut avoir lieu si, par exemple, on a eu intérêt à produire cette concentration de voies en un centre également distant de plusieurs grandes villes, et pour éviter ainsi de multiplier ces concentrations mêmes; on est alors en présence d'une place qu'on peut créer exclusivement militaire.

Places exclusivement militaires. Opinion des Allemands à leur sujet.

Notons en passant que les Allemands, par leurs écrits et par leurs travaux, semblent donner de beaucoup l'avantage aux places exclusivement militaires, c'est-à-dire aux places renfermant peu ou point de population. Ils disent qu'on évite ainsi la présence de masses indisciplinées, qu'on ne conduit que difficilement et dont les souffrances viennent tôt ou tard amollir une défense.

C'est, je crois, mal expliquer les faits, et je ne serais nullement pour ma part de cet avis, en France au moins. Éviter les centres de population, c'est s'obliger à créer des établissements immenses pour suppléer au concours qu'offre si facilement, en temps de guerre, l'industrie privée de notre pays.

Il me semble que dans une ville industrieuse on doit pouvoir arriver à se créer des ressources de toute nature, et comme infinies, pour éterniser une défense, si l'on a su pourvoir suffisamment à l'alimentation de tout son monde.

Et quant à l'indiscipline, je crois qu'on y peut toujours parer avec de l'énergie, si l'on sait profiter de la facilité que l'on trouve, en France spécialement, à faire, au moment du danger, du citoyen un soldat et même un soldat discipliné, pourvu qu'on se décide à l'enrôler, à l'occuper et surtout à l'arracher vigoureusement aux foyers d'indiscipline, qui sont à la ville la place publique et le club; en un mot, pourvu qu'on le sorte des remparts en reportant la défense le plus loin possible et défendant les villages environnants.

Du reste, quelle ville pourrait-on citer dans toute cette guerre où les souffrances d'une population aient dicté des cris demandant autre chose qu'une continuation de lutte[1]?

Place idéale sans grand centre à couvrir.

Mais pour nous, supposons d'abord qu'il s'agisse de couvrir une simple position; tête de lignes ferrées ou de voies ordinaires, et sans qu'une ville importante, riche ou précieuse, à quelque titre que ce puisse être, soit à couvrir en même temps.

Je choisirais alors une position centrale, rapprochée du point à couvrir, assez dominante et n'étant elle-même autant que possible pas dominée, dans un rayon d'action correspondant à la plus grande portée des pièces connues.

Ce serait quelquefois une seule hauteur, mais quelquefois aussi l'ensemble de deux ou trois hauteurs groupées en un centre commun. Sur chacune de ces hauteurs, j'établirais un réduit élevé, le plus élevé possible, une tour, par exemple, en épaisse et solide maçonnerie, soit blindée en plaques d'acier, soit couverte par une levée de terre assez rapprochée, c'est-à-dire laissant un fossé peu large.

---

1. Il est bien entendu que l'on ne doit plus songer à établir nos villes fortes exclusivement à la frontière. Avec la facilité actuelle des transports, les villes centres d'approvisionnements doivent, au contraire, être établies le plus en arrière possible de la frontière, former des têtes de ligne reculées et communiquer directement entre elles.

Cette tour n'aurait qu'un seul étage de feux à la partie supérieure, et aux étages inférieurs des abris pour les munitions, pour le matériel et pour les hommes.

Cet étage unique serait armé de deux ou trois grosses pièces au plus ayant la portée maximum connue au moment où l'on armerait la place, pièces tirant à barbette par-dessus le haut du mur, et devant être facilement manœuvrables pour donner des feux dans toutes les directions. A ce même étage on pourrait, au pourtour du mur, ménager des abris casematés pour les servants, abris qui pourraient s'ouvrir sur la campagne par des embrasures ou de larges sabords où l'on établirait, pour le besoin d'une défense rapprochée et dernière, des pièces de faible calibre, ou même des fusiliers.

Sur quoi repose ce projet idéal.

Je pars, en formant ce projet, d'un fait indéniable, c'est que le seul avantage de la défense sur l'attaque, le seul qu'on ne puisse jamais lui ôter, c'est de pouvoir posséder, toutes prêtes en batterie, des pièces d'une portée et partant d'un poids tels, que l'assiégeant n'en pourra jamais traîner d'aussi fortes pour les opposer à l'assiégé.

C'est son seul avantage, mais encore ne doit-on pas y renoncer et surtout permettre, comme nous l'avons vu dans cette guerre, que la répartition des forces, en ce sens, soit entièrement renversée.

Je m'appuie aussi sur ce qu'un mur de 4 à 5 mètres d'épaisseur m'a semblé devoir opposer une résistance infinie aux projectiles les plus gros que l'assaillant puisse lancer, viendrait-il avec des pièces attelées de 28 chevaux, comme en ont amené les Prussiens à Belfort, si j'en crois le dire d'un officier russe, chargé par son gouvernement d'étudier le dernier siège de cette ville.

Je ferais communiquer, bien entendu, ces réduits centraux entre eux, mais par des voies larges, commodes et couvertes des vues extérieures les plus rapprochées par de simples levées de terre.

Dans cet espace central j'établirais, en les couvrant le mieux possible par le terrain ou les bâtiments de la ville elle-même, si elle existait déjà, les bâtiments militaires les plus importants, casernes, hôpitaux, arsenal, la ville elle-même si elle était à construire, et tout ce qui peut s'y rattacher.

Ces bâtiments et la ville ne seraient entourés que d'un simple rempart ou d'un simple parapet, n'ayant d'autre but que de mettre tout cet ensemble à l'abri d'une insulte de l'ennemi.

Défense des abords de la position centrale.

Prenant ensuite toutes les hauteurs environnantes pouvant être soutenues par le canon des réduits centraux, et assez multipliés eux-mêmes pour pouvoir croiser leurs feux au moins trois à la fois en un point donné, j'y établirais des forts permanents, isolés, plus faibles du côté de ce grand camp retranché que du côté extérieur, bien pourvus d'abris pour hommes surtout, et je ne craindrais pas d'y aventurer des pièces même à longue portée.

Comme limite à cette portée, par exemple, je m'imposerais celle que cette portée ne fût jamais supérieure à la portée maximum des pièces qu'un assiégeant peut rouler sous une place, pour qu'en cas de prise d'un fort, l'artillerie ennemie n'en fût pas rendue plus puissante qu'elle n'était avant.

Tous ces forts seraient reliés entre eux et aux forts centraux par des routes larges et commodes.

Enfin, au moment même du siége, suivant la garnison dont on disposerait, on fortifierait, par des ouvrages passagers, et on défendrait pied à pied les villages environnants soumis au canon des forts détachés.

On pourrait même, suivant son degré de richesse en hommes et en matériel, appuyer les têtes des villages par des redoutes en terre armées de pièces légères ou par des batteries volantes établies derrière des levées de terre faites à mi-distance des villages et des forts détachés.

Mais, en principe, lorsqu'on fortifie un village, il faut toujours avoir comme perspective une attaque de nuit, et pour cela relier les diverses coupures et les divers épaulements par des chemins uniques aboutissant tous en un centre commun, tous les autres du village étant une fois pour toutes condamnés et fermés. Faire parcourir alors très-souvent pendant la nuit les chemins uniques conservés, afin que toute la garnison du village en ait la physionomie bien nette dans l'esprit, pour une circulation diurne et surtout nocturne.

Richesses accessoires à se ménager autour de la place et dans la place.

Comme secours accessoires, on devrait toujours se ménager à portée de la place une forêt ou achetée par l'État, ou assujettie à une servitude militaire, obligeant le propriétaire à y conserver toujours un certain nombre de gros bois, qu'on prendrait à la déclaration de la guerre.

Obliger également la compagnie dont le chemin de fer desservirait le camp retranché, à être toujours approvisionnée en vieux rails jusqu'à concurrence d'un nombre fixé d'avance.

Enfin, réquisitionner dans le camp retranché un grand nombre de maisons, renforcer les empoutrages des étages inférieurs et blinder les planchers avec rails, bois et terre, tout en maintenant la partie supérieure vide, pour être à l'abri autant que possible des incendies, mais debout pour préserver le plus longtemps possible l'étage inférieur contre le mauvais temps, et même un peu contre les projectiles.

On logerait là les malades en les isolant, on y abriterait les vivres, partie même de la garnison, et enfin tout ce qu'y accumulerait la suite du siége.

Ce qu'on devrait entendre par cette expression : Place approvisionnée.

Bien entendu que tous ces ouvrages isolés devraient être pourvus et approvisionnés, chacun isolément et indépendamment de ses voisins.

A ce sujet je voudrais voir poser en principe général et absolu, qu'une place ne sera dite approvisionnée en munitions que lorsqu'elle renfermera dans ses murs : un nombre de projectiles capable d'user toutes les pièces de la place, et de les mettre hors de service.

De pièce brisée, réellement hors de service pour toujours et incapable d'être remise en état dans la place même au bout d'un temps plus ou moins long, je déclare n'en avoir jamais vu, et je crois qu'on en parviendrait à citer bien peu.

Cessons de compter notre force en artillerie par le nombre de nos pièces, et faisons plutôt comme les Prussiens, évaluons-la par le nombre de projectiles que nous pourrons fournir à un moment donné aux pièces dont nous disposons.

Les luttes de grosse artillerie, soit qu'elles viennent de l'assié-geant, soit qu'elles viennent de l'assiégé, doivent s'entreprendre et se soutenir alors seulement qu'on a la supériorité. Explication de cette expression paradoxale.

Dans une lutte d'artillerie, et je parle, bien entendu, d'une lutte proprement dite de grosse artillerie, car pour les luttes de l'artillerie de campagne elles sont subordonnées à toutes les nécessités du moment et à celles du champ de bataille, — dans une lutte de grosse artillerie, dis-je, tout réside dans la supériorité que l'on doit toujours essayer de donner à son feu: c'est vers ce but qu'on doit tendre, vers ce but seul, et si l'on a la conviction qu'on ne peut l'obtenir dans les conditions où l'on s'est trouvé au moment d'engager la lutte, toute lutte, ce qui ne veut pas dire toute résistance, doit momentanément cesser de la part de celui qui s'est reconnu le plus faible, autrement on s'exposerait à perdre des projectiles en pure perte.

Ce principe est depuis longtemps admis pour l'assiégeant; et je lis, en effet, dans l'ouvrage d'un maître en fortifications : «En général, «il faut poser ce principe de ne commencer le feu de l'artillerie que «lorsqu'on aura le moyen de le continuer sans interruption, et si l'on «est assuré de ne pas se trouver notablement trop faible dans la lutte «qu'on entreprend contre la place. Il suffit d'ailleurs d'obtenir à peu «près l'égalité au commencement du feu. La facilité plus grande de «réparer les batteries de l'attaque, l'avantage de la convergence du «tir, leur donneront en peu de jours la supériorité sur celles de la «défense.» (Villenoisy.)

Mais je dis que ce principe est également vrai pour l'assiégé, et comme cela pourrait paraître paradoxal, je m'explique :

La lutte étant engagée, et l'assiégé sentant qu'il perd la supériorité, il doit arrêter son feu, garer ses pièces et ses hommes et chercher à sa portée de nouvelles pièces à opposer à l'ennemi, soit en déviant les voisines, soit en retournant celles des ouvrages non attaqués et n'ayant pas sur l'assiégeant des vues directes.

Il ne reprend la lutte que lorsqu'il est sûr de lui et avec toutes ses pièces à la fois; l'assiégeant est alors forcé d'appeler de nouveau matériel à son aide, et c'est par ces alternatives [1] que doivent se continuer les luttes des premiers jours. Pendant cette lutte l'ennemi ne fera pas un seul pas en avant, on gagnera ainsi beaucoup de temps, et ce temps est aussi bien gagné, aussi honorable, aussi glorieux pour la défense, que celui gagné au sommet même de la brèche.

Il profitera même d'autant mieux à l'assiégé que l'ennemi, ainsi maintenu loin de la place, se démoralise, se décourage et n'est que fort peu dangereux.

Quant au tir méthodique, réglé, rhythmé, je le crois de nul effet, et je ne l'admettrais que pour la nuit et encore avec intermittence.

Qu'on ne dise pas non plus que l'artillerie ainsi employée consommera prodigieusement plus de projectiles qu'employée avec tir réglé; je croirais presque que c'est le contraire. J'ai vu au deuxième siége de Paris une batterie établie à Asnières sur le chemin de fer contre les wagons blindés des insurgés, où l'on obtenait des machines opposées 10 ou même 15 heures de silence par une salve de 20 ou 30 coups, tandis que dans le même temps, avec le tir commandé, on en eût dépensé le double sans rien obtenir.

Mais encore une fois, en tout ceci je n'ai parlé que de la lutte lointaine et je ne supprime pas, bien évidemment, le tir continu qu'on doit toujours faire sur les cheminements et sur les travaux ennemis; tir de résistance, en un mot, qu'on doit toujours poursuivre avec certaines pièces spéciales abritées à cet effet, tir à poursuivre surtout à outrance dans les dernières convulsions d'un siége. Et ce tir, lui, doit continuer quel que soit alors l'état d'infériorité où peut vous avoir conduit la ténacité de l'ennemi, ténacité qui doit toujours arriver à l'emporter sur les soins et sur l'industrie dont un assiégé peut faire preuve.

---

1. A Belfort nous avons fait abandonner aux Prussiens leurs batteries d'Essert, et ils eussent bien plus sûrement abandonné celles de Bavilliers et de Danjoutin si nous avions pu tirer sur elles comme sur les premières.

Fortification idéale établie autour d'une grande ville.

Supposons maintenant que le poste à défendre soit une grande ville, les mêmes principes seront applicables, seulement on ne peut plus négliger la ville et la laisser de côté, il faut la couvrir. Alors le réduit, au lieu d'être formé par une, deux ou trois positions centrales élevées et dominantes, le sera par une suite de forts placés sur toutes les hauteurs entourant cette ville et choisies assez multipliées encore pour que deux ou trois de ces positions puissent croiser leurs feux, sans que les pièces d'aucun d'eux retournées puissent porter sur l'enceinte, du moins sur les quartiers importants et populeux.

En avant de ces forts, armés comme je l'ai dit, formant de puissants réduits, on doit reporter la défense par des redoutes passagères, des batteries volantes, des épaulements jusqu'aux villages les plus éloignés que permettrait d'occuper la quotité de la garnison [1].

Quant à la cité, elle sera entourée d'un simple rempart polygonal, la mettant à l'abri d'une insulte; car il est bien entendu que, pendant toute cette défense reportée aussi loin que possible, personne ou presque personne de la garnison ne doit être renfermé dans ses murs. Il sera bien temps d'y rentrer et de s'y fortifier lorsqu'on aura été repoussé pied à pied de partout, car il est certain qu'un échec sur cette immense circonférence tendra toujours à refouler l'assiégé battu vers son dernier réduit, son dernier abri, qui dans ce cas est la cité même.

Artillerie conforme à cette fortification idéale.

Après avoir dit tout à l'heure que les réduits devraient être armés avec des pièces ayant la puissance la plus considérable connue au

---

1. On pourrait même avoir un système de lignes ferrées très-simples et spéciales rayonnant de la place jusqu'à 6 et 8 kilomètres. Ces têtes de petites lignes seraient gardées par quelque ouvrage en terre propre simplement à la fusillade, et sur ces lignes voyageraient des wagons blindés, qui seraient comme les batteries sans cesse relevées de ces points avancés.

Dans la campagne de l'insurrection, c'est ma batterie qui était opposée aux wagons blindés établis par les insurgés en avant d'Asnières, et je puis dire que ces insurgés ont su en tirer contre nous très-bon parti.

moment où l'on serait à armer ces réduits, il serait peut-être bon de discuter un peu des conditions qu'on devrait réclamer ou qu'on devrait chercher pour cette artillerie spéciale.

D'abord la première question qui se présente à l'étude, est cette question si discutée de savoir quelles sont les pièces les plus avantageuses, celles se chargeant par la culasse ou celles se chargeant par la bouche.

Pour l'artillerie de campagne, la question est encore à l'étude, et s'il m'est permis de dire mon mot à ce sujet, je dirai que si l'on parvenait à donner à la pièce de 12 ou à une pièce analogue une portée juste de 4,500 mètres ou même 4,000 mètres, je serais très-partisan de conserver le chargement par la bouche pour l'artillerie de campagne.

La pièce se chargeant par la bouche est d'une solidité remarquable, très-peu délicate et d'une manœuvre si grossière qu'on peut la confier sur le champ de bataille à des auxiliaires ou à des conscrits de la veille; enfin elle est beaucoup plus légère que l'autre.

Je trouverais qu'on aurait grand tort, à moins d'impossibilité d'augmenter la portée, de sacrifier ces qualités très-réelles d'un matériel appelé à rouler et à se culbuter, aux qualités plus brillantes mais plus problématiques des pièces se chargeant par la culasse. L'engouement du public a été pour beaucoup dans l'adoption de ces dernières : pour répondre à cet engouement on a créé le 7; mais lorsqu'on voit de près la délicatesse de cette fermeture, les retards (j'en ai vu de 1 heure entière) que cause un dérangement quelconque dans la culasse, on en est vite dégoûté comme pièce de campagne, tant qu'on ne sera pas arrivé au moins à l'améliorer.

Théoriquement ce système est parfait, du moins il m'avait semblé tel lorsque je l'étudiais sur des dessins. — Obtenir, en effet, la puissance d'une vis de 8, 10 pas, autant qu'on voudra, en prenant un nombre de filets double et cela par 1/4, 1/8 de tour à volonté, suivant le rapport des pleins aux vides, c'est réellement fort ingénieux; et cependant, pratiquement, le système en service, tel qu'il est, ne vaut rien.

Une fermeture de culasse doit être simple, d'une manœuvre facile, ne pouvant ni se fausser ni s'encrasser, en un mot d'une solidité à toute épreuve; et non pas seulement solidité à résister aux coups de l'ennemi, ce qui est le cas le plus rare exposant une pièce à être mise hors de service, mais pour résister aux fatigues des marches dans tous les terrains, par tous les temps, et aux fatigues d'un tir souvent précipité et conduit par des gens peu exercés.

Ajoutons en outre à ces quelques observations, que nous croyons avoir remarqué que le projectile sans chemise de plomb, au moins lorsque cette chemise a l'épaisseur de celle employée pour les projectiles prussiens, est moins dangereux et donne moins d'éclats que le projectile non enveloppé d'un métal mou.

Mais si la question du mode de chargement est encore discutée et discutable pour l'artillerie de campagne, je crois qu'elle ne l'est plus et ne doit plus l'être pour l'artillerie de place ou de siége, pour toute artillerie en un mot qui doit tirer de derrière un masque.

En effet, toute artillerie de cette nature est appelée à tirer lentement, on peut donc prendre pour son chargement toutes les précautions que peut nécessiter un chargement par la culasse.

Le mécanisme peut être délicat et en vue par rapport à la pièce, c'est sans grand inconvénient, puisque ces pièces ont peu à voyager et sont rarement atteintes.

Enfin ces pièces, pour être chargées par la bouche, doivent être arrêtées dans leur recul, sous peine de nécessiter la pénible opération de la mise hors de batterie; or, les arrêter dans le recul est déjà délicat et peut être quelquefois dangereux si la plate-forme est inclinée d'avant en arrière. Si la plate-forme est horizontale, il faut à chaque coup remettre en batterie, ce qui est long, fatigant et nécessite un pointage tout nouveau, ne conservant plus rien de l'ancien pointage que la place du point à battre, encore sa physionomie a-t-elle pu changer dans cette visée partant d'un nouvel emplacement.

Pour un pointage devant être exécuté de nuit sur les indications fournies par un pointage de jour, ces mises hors de batterie, ces arrêts au recul, ces mises en batterie présentent surtout de graves inconvénients au point de vue de la justesse du tir.

Avec le chargement par la culasse aucun de ces premiers embarras n'est à craindre, et le dernier inconvénient peut être sensiblement amoindri avec des plates-formes en rails inclinés, sur lesquels on laisse monter la pièce pour la voir redescendre presque à son ancienne place.

Les pièces de place, et surtout les grosses pièces des réduits, devraient donc être des pièces se chargeant par la culasse.

Je dis en outre que ces pièces devraient être du plus fort calibre et de la plus grande portée, en un mot de la plus grande puissance connue au moment où l'on armerait la place en question.

Non pas cependant, qu'à chaque nouveau perfectionnement, à chaque nouvelle invention en ce genre, on dût changer l'armement entier de la place; les finances du pays n'y suffiraient pas et ce serait d'ailleurs bien inutile. Si la pièce est aussi puissante que je le suppose, elle sera lourde, partant l'assiégeant n'en pourra jamais mener de semblables sous la place, et en ce genre de progrès, resterait-on même bien en arrière, l'assiégeant le sera toujours plus que l'assiégé, subordonné qu'il est aux questions de transport, de mise en place et d'approvisionnement.

La masse pour l'assiégé importe toujours fort peu, puisque pour remuer cette masse, il aura eu à sa disposition tous les engins connus, et surtout le long temps de paix qui fort heureusement sépare toujours deux guerres.

Je crois que c'est dans cette question de puissance d'artillerie, non comme nombre, mais comme effet, que gît tout entière la seule supériorité qui ne puisse être contestée à la défense sur l'attaque; l'oublier et la négliger, c'est donc commettre une faute grave comme militaire et comme artilleur.

Autre condition. — Ces pièces doivent encore, une fois mises en place, être d'une manœuvre commode et permettre facilement le transfert d'une position à une autre, pour pouvoir commander l'horizon tout entier.

Il faut donc de toute nécessité qu'elles reposent sur des rails et qu'on puisse aisément opérer des changements de voie.

Plates-formes à étudier pour les grosses pièces.

Pourquoi alors ces pièces, montées, bien entendu, sur des affûts permettant toutes les inclinaisons utiles à un beau et long tir, ne reposeraient-elles pas sur des plates-formes analogues aux plates-formes des chemins de fer?

Pourquoi même ne donnerait-on pas à ces affûts une voie et des roues spéciales préparées à l'avance et réglementaires, leur permettant de s'adapter aux plates-formes déjà existantes dans toutes nos gares et sur toutes nos lignes de chemins de fer ?

La guerre déclarée ou seulement imminente, on réquisitionnerait aux compagnies, surtout à celles desservant les places fortes, toutes les plaques tournantes dont on aurait besoin, comme on le fait pour tout autre matériel.

Les pièces seraient toutes prêtes sur leurs affûts et à côté d'emplacements tout préparés à l'avance, et, au moment utile, des canonniers exercés à ce genre de travail pendant la paix démonteraient les plaques réquisitionnées et viendraient les établir aux emplacements qui les attendraient.

Le pointage des pièces ainsi montées se ferait en deux parties, l'angle de tir serait donné suivant la théorie de la pièce et de l'affût, en levant ou abaissant la culasse, et la direction serait donnée par la plaque même.

Une direction sur un point donné étant reconnue bonne, on pourrait la conserver invariable et sans nouveau pointage pendant tout le temps qu'on voudrait.

On conçoit facilement de quelle valeur ce serait par exemple pour le tir de nuit, où l'on pourrait garder invariable le tir de la journée, si c'était sur un point fixe où l'on suppose que l'ennemi travaille, comme une batterie ou un cheminement, ou produire à volonté un tir d'éventail autour de cette direction fixe et médiane, si l'on suppose que l'ennemi peut y circuler.

Pendant tout le siége de Belfort j'avais formé le projet de faire cet essai, même avec les éléments si incomplets dont je disposais à mon atelier improvisé, et certainement je l'eusse mis à exécution si je n'avais pas été si loin de la gare, et surtout si réduit en moyens de transport.

Les Prussiens devaient, du reste, avoir pour leurs pièces de siége quelque chose d'analogue à ce que j'indique ici, et on pourrait peut-être arriver à se renseigner à ce sujet. Toujours est-il que je me souviens parfaitement avoir vu un jour un poteau télégraphique établi au-dessus du bastion 15, coupé à deux hauteurs différentes de plein fouet par deux projectiles prussiens lancés par la même pièce à 5 minutes d'intervalle : le même fait s'est renouvelé pour un piquet de gabion, ce qui montre bien qu'ils peuvent plusieurs coups de suite conserver une direction invariable.

Niche pour un guetteur.

Enfin, terminons cette étude en demandant que dans chaque réduit, au point le plus élevé, soit placée une niche, blindée avec le plus grand soin, à l'épreuve de tout projectile d'une pièce de siège, ouverte par une rainure sur tout l'horizon, et où l'on établira à poste fixe un guetteur pourvu d'une corne ou de tout autre instrument s'entendant de loin, et chargé d'annoncer tous les coups venant de l'ennemi.

Ce poste pourrait en même temps servir à observer les propres coups de la place, qu'on pourrait ainsi régler avec un autre instrument et d'après des conventions établies.

Mais encore une fois si l'on veut que l'observateur, pendant son heure de faction, soit bien à son poste et surveille, il faut que l'abri soit à l'épreuve de tout.

Au Château, à Belfort, un guetteur armé d'une corne avait été ainsi établi dans d'assez bonnes conditions, d'abord derrière le blindage de Catherine, puis plus tard en dedans même, et nous n'y avons eu aucun guetteur de blessé.

Dire les services que cette corne a rendus et le nombre d'accidents qu'elle a évités, les artilleurs et tous ceux qui ont eu à circuler dans le Château en sont seuls capables. Mais le jour où le poste, par suite de dégradations non réparées à jour, n'a plus été sûr, le guetteur est devenu presque nuisible, se cachant et se taisant lorsqu'il eût fallu sonner, et inversement sonnant quelquefois pour le tir d'une pièce destinée à une autre partie de l'enceinte.

Cet exemple avait, du reste, été promptement suivi dans tous les forts exposés, et le guetteur de Bellevue avait été, je crois même, inauguré en même temps que le nôtre.

ÉPILOGUE.

Tout ce qui précède est écrit de bonne foi, mais rien que de mémoire et de souvenir, parce que pendant le siége je n'ai pas eu le loisir et surtout je n'ai pas eu l'idée d'écrire une seule ligne, de copier un seul nombre, de prendre une seule note.

Je ne puis donc garantir absolument que la vérité de l'ensemble et de tout ce qui regarde les descriptions, soit des plates-formes, soit des blindages, ainsi que les aperçus généraux et les résultats sur lesquels ils se basent: tout le corps, en un mot, de cette étude.

Peut-être quelques erreurs involontaires se sont-elles glissées dans quelques nombres techniques, dans certaines dimensions prises d'une manière absolue, erreurs qu'on pourrait, du reste, facilement rectifier sur place, car fort probablement tout est encore debout à Belfort; mais l'idée que ces nombres ont eu pour but de mettre en relief, de marquer, n'en reste pas moins entière et conforme à la plus stricte vérité.

Je n'ai conservé aucun renseignement sur ce que je faisais faire là-bas, parce que cela s'essayait au jour le jour, sans idée arrêtée et souvent en tâtonnant beaucoup. Je ne prévoyais pas non plus que j'aurais à écrire plus tard ces travaux, ignorant même alors si l'expérience du siége leur donnerait de la valeur.

L'expérience faite, je me suis décidé à écrire cette étude parce que, comme je l'ai déjà dit dans la préface, elle m'était demandée par plusieurs militaires, parce que le colonel Denfert y insistait, et surtout parce que les officiers qui étaient avec moi là-bas m'y encourageaient.

Peut-être aussi passé-je sous silence quelques-uns des travaux exécutés par plusieurs de mes camarades, dans d'autres postes de la place ayant une autre sphère d'action; si je l'ai fait, c'est pour ne rien dire dont je ne fusse sûr et que je n'eusse vu moi-même, puis surtout parce que ces travaux ont moins marqué, je puis le dire, dans le souvenir de la garnison, que les travaux décrits dans cet opuscule. Il faudrait en chercher la cause naturelle, soit dans ce que les postes en question ont été moins attaqués que ceux que je vise plus volontiers, soit dans ce que les officiers qui y commandaient ont été moins obligés de se créer des ressources particulières, pour répondre à cet ennemi si formidablement supérieur à nous par ses engins de guerre.

Ce travail est terminé, et je suis content de l'avoir entrepris, non-seulement à cause de ce qu'il peut contenir d'utile, mais aussi — pourquoi le cacherais-je? — parce que cette énumération seule de travaux entrepris et terminés me semble être une justice rendue à ces 40 canonniers de la 1re batterie du 7e, à ces 160 auxiliaires mobiles de la Haute-Saône et du Rhône, tous si braves, si dévoués, si disciplinés, qui ont tout mené à bien, sans se laisser décourager par leur petit nombre. Ils n'étaient jamais le quart d'hommes valides, puisque plus des huit dixièmes d'entre eux ont été ou tués ou blessés, et pourtant ils ont monté sur leurs épaules plus de 4,000 rails, ils en ont mis en place plus de 10,000, ils ont traîné et arrangé plus de 2,000 gros corps d'arbres, fait plus de 600 gabions, 8 plates-formes en rails, réparé tout le matériel mis hors de service, et enfin servi 52 pièces dont pas une n'a été démontée à tout jamais par l'ennemi, grâce aux réparations qu'ils n'arrêtèrent ni jour ni nuit pendant un siége de 104 jours.

Cette justice, je la devais bien à ces hommes qui n'ont demandé pour toute récompense, en rentrant chez eux, qu'un simple feuillet de papier constatant qu'ils avaient servi à la 1re batterie du 7e.

Et maintenant, pour rassembler tout ce qui précède, pour servir à résumer ce que doit faire l'artillerie de place avant comme pendant le siége, je chercherais vainement un mot meilleur et plus juste que celui-ci : Travailler.

Travailler, c'est-à-dire remuer des pièces, remuer des bois, remuer du fer, remuer des terres, remuer enfin quelque chose et s'occuper.

Là est la force de l'artillerie de place, là est sa puissance, là est en même temps sa sécurité.

Est-ce à dire que, dans les quelques pages qui précèdent, j'aurais eu la prétention de vouloir limiter tout ce que dans une place on doit essayer et tenter ?

Bien au contraire, et je crois qu'à ce sujet on ne doit même pas poser de limites, que tout ce qui est raisonnable peut être à faire dans un moment donné. J'ai voulu simplement dire ce qui, dans certains cas particuliers, avait été essayé et avait réussi, comme aussi ce qui avait échoué. J'ai voulu en un mot citer un exemple, et non donner un modèle.

Si cette idée toute simple ressort du livre tout entier, ce livre aura déjà rempli son but, il sera livre utile.

———

Mais, que ce soit de nouveau la conclusion dernière, si la lutte d'artillerie à Belfort a sa place sans doute marquée dans l'histoire de la défense, elle n'en est qu'un épisode, et de quelque manière qu'on la juge, elle n'a servi que pour partie au salut de la place.

La défense tout entière, et dans son ensemble, restera l'œuvre propre du colonel Denfert, parce que l'idée qui y a présidé, l'idée qui l'a faite longue et vigoureuse, est celle de la défense des villages éloignés et de tous les abords soumis de près ou de loin à l'action de la place : idée toute de lui et toute à lui.

FIN.

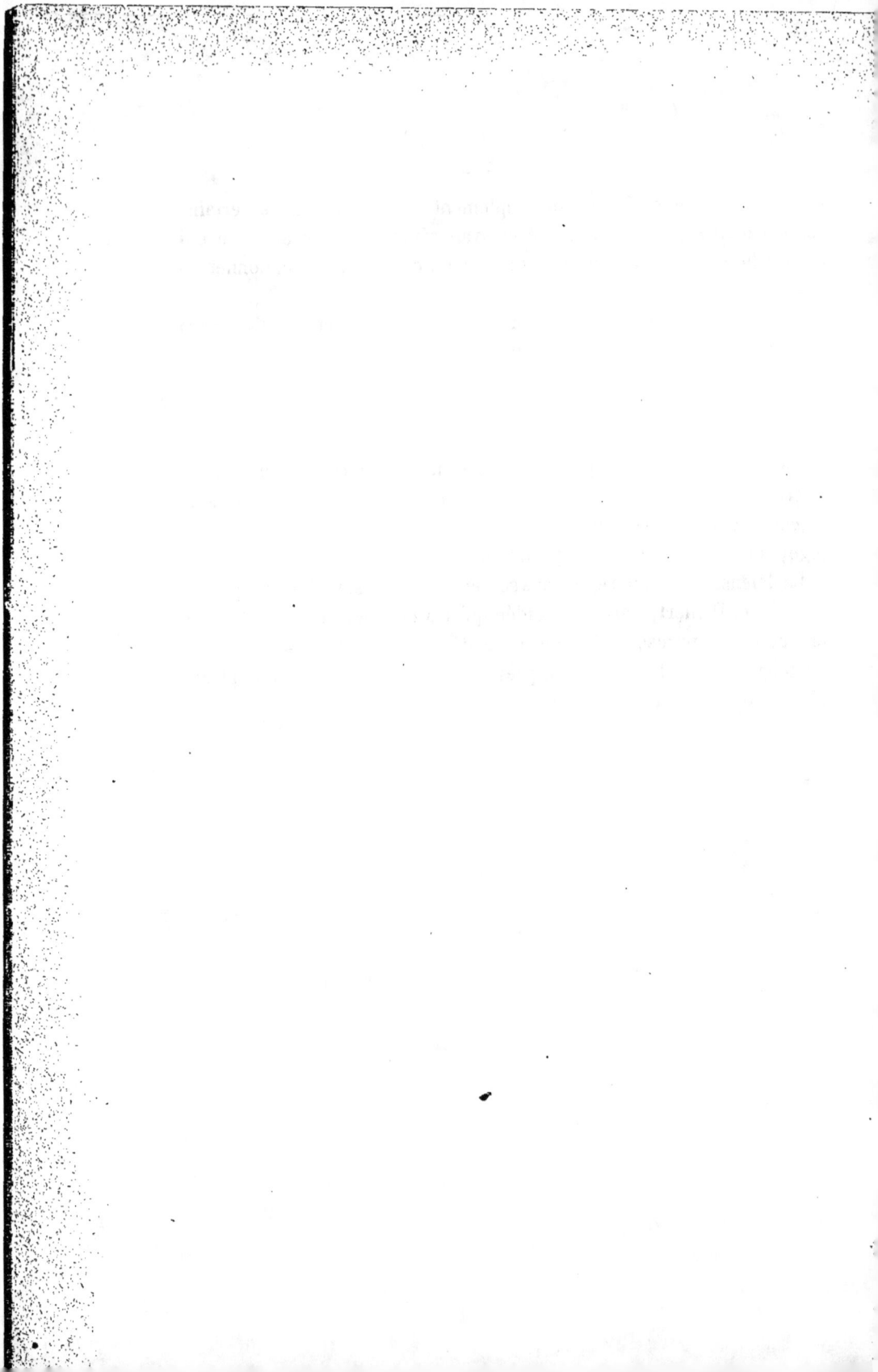

TABLE DES MATIÈRES.

CHAPITRE IV.

FIN DE LA TABLE.

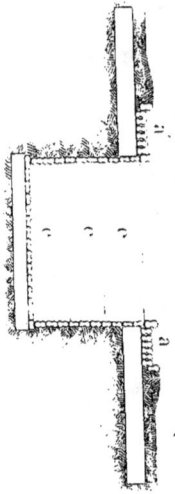

C. Coupe suivant A.B.

LÉGENDE.

(Fig. A. B. C.)

Plate-forme en rails, crosse enfoncée.

(Système proposé en comité.)

a. Curseur pour le roulement des roues. Deux grands rails de 6 mètres servant de rebords directeurs. Six rails de 4 mètres formant le plan de roulement. Gîtes.

b. Traverses du chemin de fer, armées de leurs deux coussinets pour rails de 6 mètres.

c. Fond de la fosse. Rails de 4 mètres à plat reposant sur des gîtes.

d. Joues. Rails de 4 mètres de champ.

e. Grosses billes équarries maintenant l'extrémité des joues.

Échelle de ¹⁄₅₀ (2 centimètres pour 1 mètre).

B. Coupe suivant C.D.

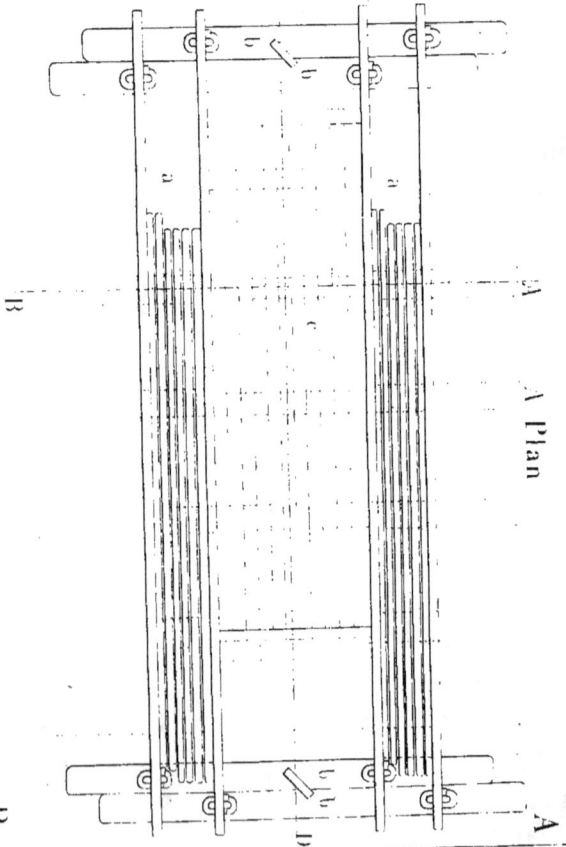

A Plan

Pl.1

Pl.2

(D.E.) Blindage du mur de cavalier.

D. Coupe suivant C.D.

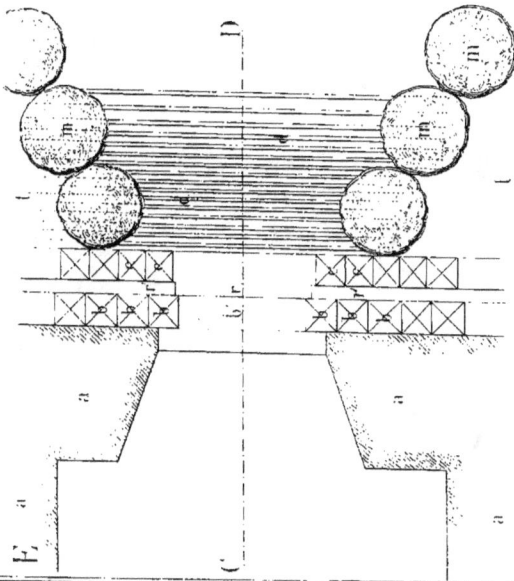

E. Plan suivant A.B.

Échelle de 1/50 (2 centimètres pour 1 mètre).

LÉGENDE.
(Fig. D. E.)

a. Maçonnerie.
t. Terre.
bb. 1° Matelas de bois debout.
b'. Bois couché.
b''. Chapeau.
r. Rails de 6 mét. entiers.

r'. Rails coupés.
cc. 2° Matelas de bois.
d. Rails de champ (6 mètres) formant le ciel du masque.
d'. Rails à plat (éperon).
e. Fumier.

f. Rondins de bois.
gg. Gros bois ajoutés après la rupture du 1er éperon.
i. Bois mis à la place de j (rails).
j. Grands rails (brisés au 1er choc).

k. Pilots soutenant le masque.
m. Gabions surmontés de sacs à terre.
F. Plate-forme enlevée pour étendre le tir. (Ch. II.)

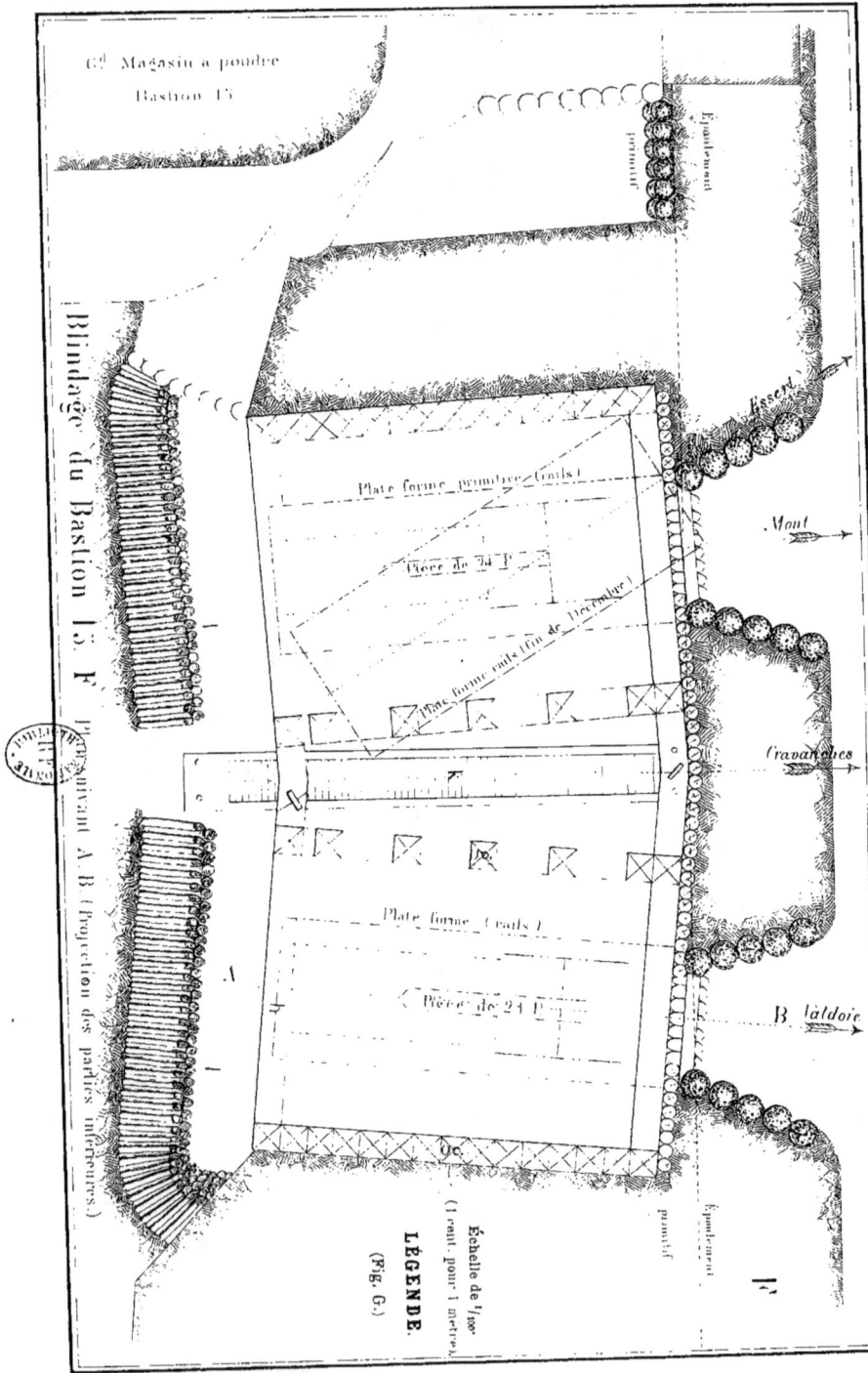

Pl. 3.

Gd Magasin a poudre
Bastion 15

Blindage du Bastion 15. F... Poursuivant A. B. (Projection des parties inférieures.)

Plate forme primitive (rails)

Pièce de 24 P...

Plate forme rails (fin de Décembre)

Plate forme (rails)

Pièce de 24 P...

Essert

Mout

Cravanches

B. Valdoie

F.

Échelle de l'hor...
(1 cent. pour 1 mètre)

LÉGENDE.
(Fig. G.)

Pl. 4

O. Moulage d'une alvéole d'ailette dans le moulage à un seul châssis.

Échelle ⁰/₀

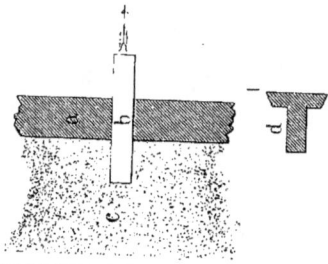

LÉGENDE.
(Fig. O.)

a. Modèle.
c. Moule en sable.
b. Baguette de bois mise en place comme ci-dessus pendant le moulage. On la retire ensuite pour retirer le modèle, et alors on la remplace par d, baguette en sable, cuite à part, que l'on enfonce dans le trou du moule jusqu'à ce que la tête t affleure.

G.

BLINDAGE DU BASTION 13.

Disposition des rails et des tirants, avant la pose du fumier.

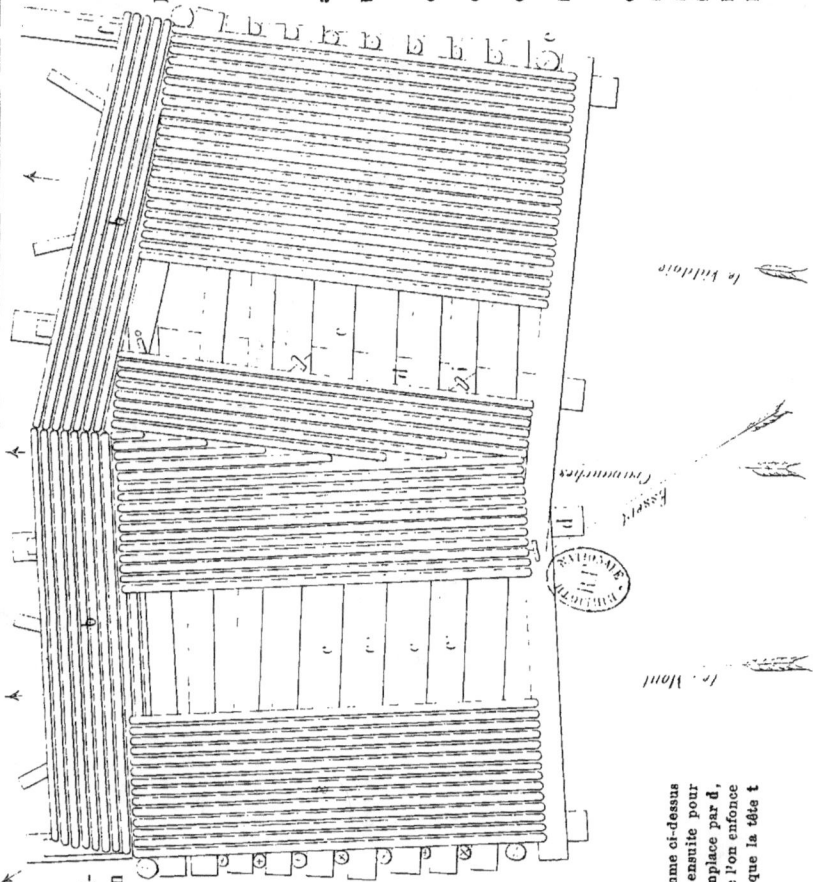

LÉGENDE.
(Fig. F. G. H.)

a. Rails de 6 mètres de champ.
b. Rails de 6 mètres de champ formant le ciel des masques.
c. Tirants d'une seule pièce.
c'. Tirants réunis par un clameau i.
e. Rondins empêchant les rails de couler.
f. Gîte relevant les rails de l'éperon à la hauteur des tirants.
d. Chapeaux.
g. Montants jointifs.
g'. Montants séparés.
i. Gabions.
l. Pare-éclats.
k. Grille d'éclairage de la montée du Château.

I. J. Dispositif de la voûte d'éclairage autour du magasin à poudre, bastion 15.

I. Plan. J. Coupe suivant A. B.

LÉGENDE.

(Fig. I. J.)

Échelle de %₀.

ab. Chambre d'éclairage.
a. 1° Établissement de la chambre de manipulation.
b. 2° Établissement.
c. Séparation en briques et sacs à terre.
d. Montée du Château.

H. Coupe suivant **A B** du blindage du bastion 15 (Proj. des parties gauches).

LÉGENDE.

(Fig. F. G. H.)

Échelle de ¹/₁₀₀.

a. Rails de 6 mètres de champ.
b. Rails du masque.
c. Tirants.
d. Chapeaux.
gg. Montants.
i. Gabions.
l. Pare-éclats.
m. Fumier.
n. Terre.
v. Rondins pour couverture supérieure.

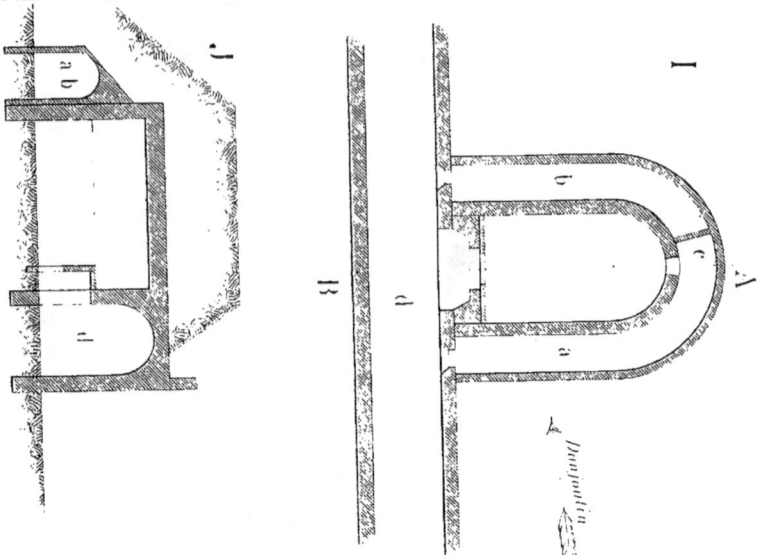

Pl. 5

Pl. 6

K

LÉGENDE.

(Fig. K. L. M. N.)

a. Mur joignant le Cavalier et la caserne.
b. Escalier de la droite de la cour, conduisant au sommet du Cavalier.
c. Blindage du flanc droit de la cage. Bois inclinés supportant des bois couchés.
d. Porte pour entrer dans la cage.
e. Montants.
e'. Montants arc-boutés.
f. Semelle de devant.
f'. Semelle de derrière
i. Revêtements en rondins.
i'. Rondins formant genouillère.
m. Gros rondins remplaçant des gabions.
p. Épaulement contre l'assert.
q. Épaulement contre les Perches.
r. Revêtement en gabions.
s. Masque de derrière en rondins.
t. Main courante.

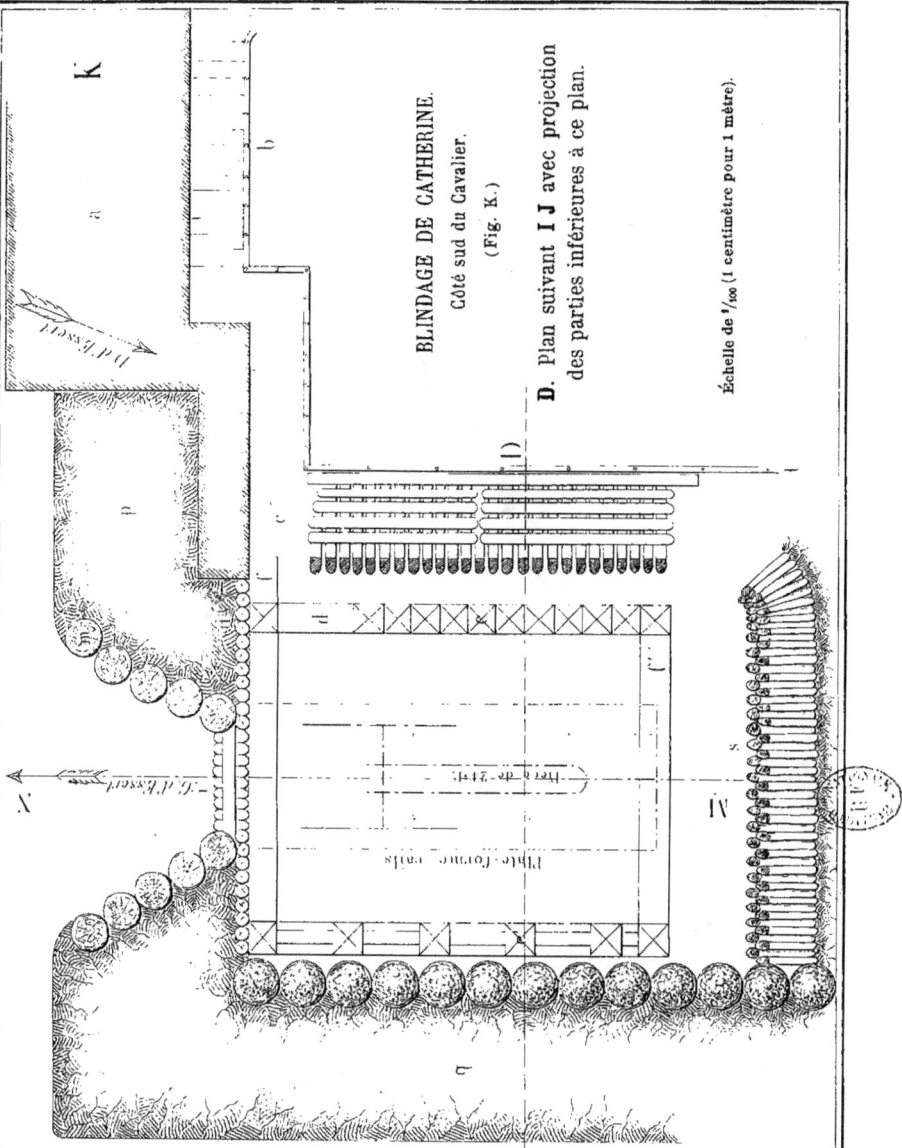

BLINDAGE DE CATHERINE.

Côté sud du Cavalier.

(Fig. K.)

D. Plan suivant **I J** avec projection des parties inférieures à ce plan.

Échelle de $^1/_{100}$ (1 centimètre pour 1 mètre).

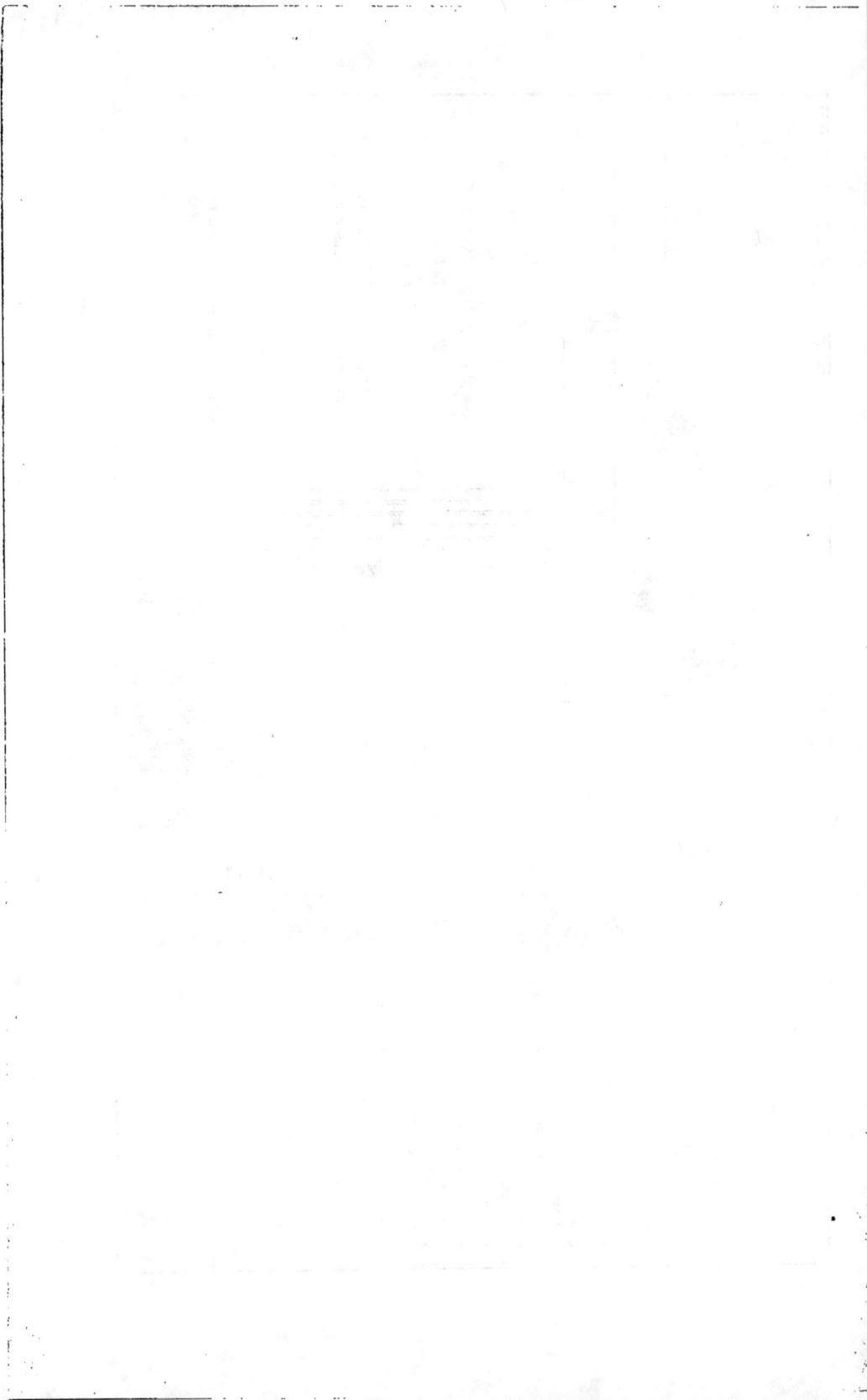

Pl. 7.

LÉGENDE.
(Fig. K. L. M. N.)

o. Rails de champ (6 mètres) couverture supérieure.
v. Rails de champ (6 mètres), ciel du masque.
x. Tirants.
p. Chapeau des montants.
r'. Semelle de côté.
m. Rondins faisant gabions.
u. Rondins de 6 à 8 mètres protégeant le devant de l'éperon.
h. Fumier.
j. Terre.
c. Blindage du flanc droit.
k. Rails de garniture supérieure.
e'. Montants de côté.
y. Arcs-boutants.
i'. Rondins de genouillère.
l. Revêtement en rondins.

BLINDAGE DE CATHERINE.
(Fig. M.)
Coupe suivant M N (l'axe), avec projection des parties situées à gauche.

Échelle de 1/100 (1 centimètre pour 1 mètre).

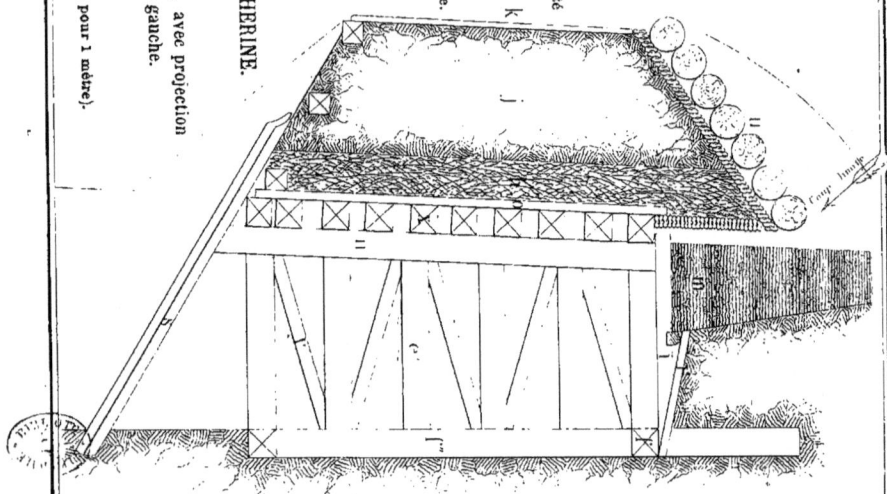

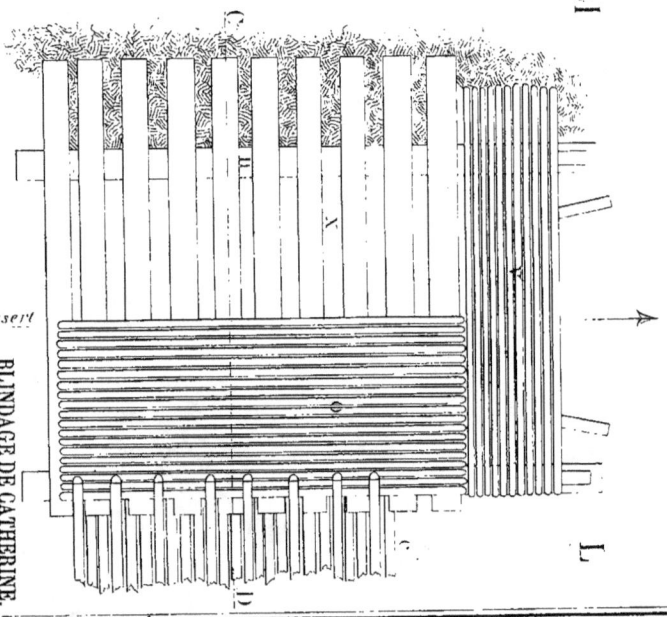

Coupe limite

M

BLINDAGE DE CATHERINE.
(Fig. L.)
Disposition des rails placés de champ, avant la pose du fumier.

Échelle de 1/100.

C^de d'Essert

L

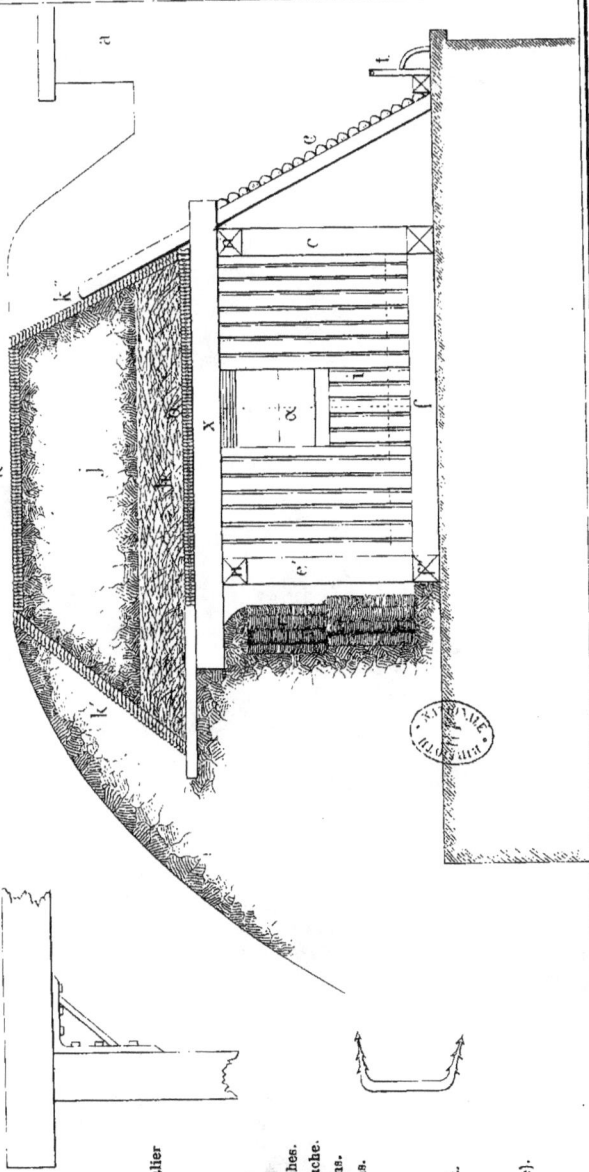

Pl. 8.

BLINDAGE DE CATHERINE.

(Fig. D.)

Coupe suivant C D.

Échelle de $^1/_{100}$ (1 centimètre pour 1 mètre).

ÉQUERRE pour relier le tirant et le chapeau, et CLAMEAU servant à ramener le chapeau déplacé.

LÉGENDE.

(Fig. K. L. M. N.)

a. Mur joignant le Cavalier et la caserne.
t. Main courante.
k. Rails du dessus.
j. Terre.
h. Fumier.
k'. Éperon reg. les Perches.
k''. Éperon du flanc gauche.
r. Revêtement en gabions.
i. Revêtement en rondins.
x. Tirant.
n. Chapeau.
e. Montant.
c. Masque du flanc droit.
t. Main courante.
a. Embrasure.
v. Rails (ciel du masque).

Lith Berger Levrault et Cⁱᵉ Nancy.

www.ingramcontent.com/pod-product-compliance
Lightning Source LLC
Chambersburg PA
CBHW071226290326
41931CB00037B/1979